湛庐 CHEERS

与最聪明的人共同进化

HERE COMES EVERYBODY

交谈的要素

HOW WE TALK

[澳] N. J. 恩菲尔德
N. J. Enfield 著

郑筱曦 译

The Inner Workings of Conversation

天津出版传媒集团
天津科学技术出版社

上架指导：语言学

天津市版权登记号：图字 02–2020–65 号

图书在版编目（CIP）数据

交谈的要素 /（澳）N.J. 恩菲尔德 (N. J. Enfield) 著；郑筱曦译．— 天津：天津科学技术出版社，2020.7

书名原文：How We Talk

ISBN 978–7–5576–8355–9

Ⅰ．①交… Ⅱ．① N… ②郑… Ⅲ．①心理交往—语言艺术—通俗读物 Ⅳ．① C912.13-49

中国版本图书馆 CIP 数据核字 (2020) 第 112212 号

交谈的要素
JIAOTAN DE YAOSU
责任编辑：吴　頔
责任印制：兰　毅

出　　版：天津出版传媒集团
　　　　　天津科学技术出版社

地　　址：天津市西康路 35 号
邮　　编：300051
电　　话：（022）23332377（编辑部）
网　　址：www.tjkjcbs.com.cn
发　　行：新华书店经销
印　　刷：石家庄继文印刷有限公司

开本 880 × 1230　1/32　印张 7　字数 122 000
2020年7月第1版第1次印刷
定价：69.90元

目 录

扫码下载“湛庐阅读”App，
搜索“交谈的要素”，
获取更多精彩内容。

HOW WE TALK

The inner workings of conversation

引 言

语言的核心

这儿有一些关于交谈的事实：

- 人们平均回答一个问题的时间与眨眼的时间大致相同，均为 200 毫秒左右。
- 无论哪种语言，回答“否”比“是”需要更多的时间。
- 对话中有个 1 秒钟的评判标准，可以帮助我们判断回应是快速、及时、延迟，还是没有回应。
- 在交谈中，每 84 秒，人们就会用“Huh？”[①]“Who”（谁）或是类似的词去检验说话人刚才说了什么。
- 我们每说 60 个英文单词，就会包含一个“um”或“uh”。

① 由于“Huh？”“ah”“mm-hmm”“uh-huh”等英文语气词无确切翻译，要根据交谈中的具体语境来决定其含义，故在本书中讲解这些词时，保留英文。——编者注

人类独特语言能力的核心

我想说的是，正是这些事实以及其他类似的规律，将我们带向定义人类独特语言能力的核心。与多数语言研究的主流内容（如词汇的含义和语法的规则）相比，这种观点可能令人感到惊讶。对于探讨回答问题的时机或是“mm-hmm”和“Huh？”等看似毫无意义的词，我想借用达尔文观察蚯蚓习性的观点：“这个问题可能看起来并不重要，但我们应该看到它的趣味。”

达尔文还是有所保留的。他知道对地球来说，对蚯蚓的观察非常重要，蚯蚓是土壤的基础耕耘者。虽然他曾直接提出：“我们可能会怀疑是否有许多其他生物像这些低等组织生物一样，在地球历史上扮演着如此重要的角色。”把“低等组织”对应到语言学研究方面，在这本书中就是：我们在交流时所遵循的规律、处理错解和误解时的表达方式，以及“uh”“mm-hmm”“Huh？”等词语的作用。

长期以来，从哲学到心理学、人类学再到语言学等学科的学者都致力于揭开塑造语言可能性的人类思想的特性。他们专注于理解语言是如何工作的，比如语言是什么样子的、孩童是如何学习语言的、语言在脑海里是如何运作的。但他们很少能说出日常交谈中的来龙去脉。这说不通，因为交谈是语言的生存所在，是语言最常使用的媒介。孩子们就是通过交谈学习母语的，所以也可以说语言是通过交谈来世代传承的。虽然书面语言是许多研究者的第一个参考点，但其实这是不合理的。实际上有大量的语言根本没有书面形式，毕竟无论是从案头书写到对外抄写再到最后的规范化统一书写，都是从被我们称为交谈的自发性对话中衍生出来的。

这就意味着目前语言学科所强调的脱离语境的单词、短语和句子是有问题的。在这里，我想告诉你们的是一些被主流语言学科所忽视或搁置的东西。我认为，交谈的内在运作方式在语言科学中应有一席之地。

无法在书籍中找到的语言内容

新奇的一点是，我在本书中所描述的发现，其研究来源并非是语言学中用来理解语言文字的研究线。在悠久的历史中，语言学为语言特征的研究（但并不是全部）提供了许多广泛和可靠的信息。许多我们在书面语言和独白中能看出的规律，比如句子的结构，语言学家都有许多东西要说。但出人意料的是，对于其他类型的信息，尤其是那些仅在互动情景下才能看到的语言特征，在语言学书籍里是找不到可靠资料的。幸运的是，这种情况已经开始发生变化了。

在对老挝语的研究中，我经常到书架上拿出由艾伦·D. 科尔（Allen D. Kerr）编辑，出版于1972年的权威双卷《老挝－英语词典》（*Lao-English Dictionary*）。这本经典的词典有超过1 200页的老挝语详细条目，包含一些不常见的词，像“exhalation”“necessities”“collapse”和“custard apple”。但“Huh？”这个词并没有对应的条目，尽管它是老挝语中最常用的词汇之一，在老挝语的交流中每6分钟就会出现一次。这并不是作者的错，因为大多数语言词典和语法书籍都不会记录这些所谓不完整的口语语言。[①]

我只用几秒钟就可以在科尔的词典里看完一个词的解释，但科尔从1960年到1971年，整整花费了12年的时间编辑这本词典。为了让像我这样的研究人员在对老挝语有疑惑时减少几秒的工作时间，科尔投入了数十年的时间。

如果现在碰巧我在科尔的词典里找不到我想要的，比如我想知道老挝人怎么说“Huh？”，那么我就不得不去寻找一位会说老挝语的人。如果我恰好住在美国加利福尼亚州或是澳大利亚的悉尼，这好像还可行，我可以走进一家老挝餐厅

① 但英语是个特例，大多数较好的英语词典都含有“Huh？”等类似的条目。

问厨师或服务员。否则，我就不得不一路到老挝去找寻问题的答案。

在语言学方面，我们很大程度上依赖于前人发表的长期实际调研的结果，这与研究其他生物现象的情况相似，例如，达尔文对蚯蚓习性的潜心研究。达尔文不仅收集整理了关于蚯蚓习性的观察资料和报告，他还亲自挑选蚯蚓进行系统实验，以便发现一些通过单纯观察不可能知道的事情。他想知道蚯蚓是否有听觉，于是他对蚯蚓做了实验：蚯蚓丝毫没有注意到附近不断响起的金属哨声，也没有注意到大管发出的最低沉和最响亮的音调。随着实验继续进行，达尔文发现蚯蚓对振动有着较高的敏感性："把两只对钢琴声音无动于衷的蚯蚓放在乐器上，击中低音 C 调时，蚯蚓会立即退回到洞穴里。一段时间后，敲击高音 G 调时，蚯蚓会再次退回。"

达尔文的实验体现了行为科学中标准的受控假设检验。对自然环境中蚯蚓所进行的深入和长期的观察是设计这些实验的一个必要先决条件。达尔文的书里拥有大量他和其他人在自然栖息地的观察报告。对于每个物种、每种行为的研究，都首先要进行一段时间的密切观察和描述，对人类语言行为的研究也要如此。

在语言研究的某些领域中，令研究人员感到幸运的是，前人已经为解答后人可能遇到的问题、想要知道的答案撰写了论文，完成了一些需要花费时间的工作。当我们需要这些答案的时候，走进图书馆就可以了。但是任何希望直接在图书馆里找到与人类交谈有关的可靠数据的人可能会遇到两个问题。

第一个问题是，在交谈中，许多描述性语言缺乏诸如轮换、对话修复和时机等信息，而这些通常被认为是语言学核心的附属问题。看似毫无规律、有来有往的交谈被认为只表现出了语言的缺陷和干扰性，并没有内在结构或价值。美国语言学家、哲学家诺姆·乔姆斯基（Noam Chomsky）在1965年曾经说道："语言理论学认为，理想的语言听者和传播者首先是在完全相同的语言社群里，且完全熟悉这一语言，不受诸如记忆力的局限性、分心、注意力和兴趣的转移，以及在应用语言的实际过程中产生错误（不定的或特定的）等与语法条件无关的影响。"这段话有效地"排除"了几十年来对语言学中诸如"对话修复"等主题的研究，结果就导致最出色的语言学家也极少分析如何在自然环境下使用语言。

第二个问题是，当语言学家提供关于交谈特征的信息时，实际上这些信息是非常不可靠的。因为语言研究者往往没有把研究建立在对自由交谈第一手记录内容的系统观察上。交谈的数据已经很难收集到，而且就算收集到了交谈的数据，也很难对其进行研究。另外，人们往往对实际发生的语言缺乏直觉判断。在接受过所谓语言的正统教育价值观的灌输后，人们对什么是“好的词汇”和“不好的词汇”已经有了刻板印象。一位语言老师可能会说“Huh？”是不常用的或不应该使用的，而应该用“Pardon”（抱歉，你说什么）、“Excuse me”（不好意思……）来表达。但是这些英语中约定俗成的说法并不一定会应用在实际交谈中。当得到非正式交谈的第一手信息时，我们在几分钟内会考虑其中的一些词应不应该这么说。

这导致的结果是，如果你想研究非正式交谈语言方面的内容，依赖词典和语法书是无法获得你需要的数据的。要想了解人们是如何真正交谈的，研究人员需要在自然状态下以一种特定的方式直接获取语言。因为日常生活中社交互动的声音与影像是能够被录制下来的，所以我们才有可能得到这本书中讨论的发现和见解。通过录音，我们可以减慢交谈速度，反复查看，并捕捉每一个细节。只有这样，我们才能发现自然状态下语言定义的组成部分。这就是为什么“mm-hmm”和“Huh？”没有被广泛研究的一个原因。还有一个原因是，多数语言学家并没有详细记录和研究这些词。这些词极少出现在书面语言或者其他相对正式的语言记录里。这些词就像俚语一样，没有被学者甚至以英语为母语的人认真对待，甚至没有被当作真正的语言。

驱动交谈的会话机

人类个体学习和处理语言的能力在动物世界里是无可比拟的，但交谈中的团队协作才揭示出了人类真正的语言天赋。即使是最简单的交谈内容，也是参与交谈的所有人协作和精准把控时间的成果。正如我们将在这本书里看到的，当两个人交谈时，会被一个叫“会话机”（conversation machine）的事物驱动，各自成为单个结构中的一个部分。①

这个会话机由一系列强大的社交和理解能力构成，从而在如交谈时间较长、内容无法控制等情况出现时约束我们说话的方式，我们将仔细分析人们如何进行交谈以及会话机是如何运作的。

多数研究过交谈的学者都是从语言学以外的角度入手的。

---

① 社会学家哈维·萨克斯（Harvey Sacks）是本书所讨论观点的先驱，他曾研究过关于交谈的“机器”。有一个可以与之比较的术语是“交互引擎”。我使用会话机这个词来捕捉个人能力和人类沟通的基本情境约束的组合，这些能力和约束共同构成了交谈时运行的机器。

但他们的研究成果对语言学家提出的一个更深层次的问题给出了很好的答案：为什么只有人类有语言，而动物没有呢？会话机为这个问题提供了答案。本书的研究表明，人类会话机的概念定义了语言的通用核心，它跨越了世界范围内各种语言的结构。

人们经常说世界各地的社交互动风格差异极大，因此在交谈中想看到语言的通用核心几乎是不可能的。但我仍要告诉大家，至少在基本的交谈方式上，人们夸大了交谈中根本的文化差异。我们将看到，从主观上来说，交谈风格的文化差异非常显著，但在客观上，这种差异是微不足道的。

乔姆斯基认为，如果来自火星的科学家研究人类交谈的话，就会得出这样的结论："地球人只会说一种语言。"在我看来，这个结论是正确的，但我的理由和乔姆斯基的完全不同。他认为，尽管世界上各个国家的语言以令人眼花缭乱的方式来组织自己语言的语法结构，火星科学家还是能够发现其中潜在的共性。但显然，这些令人困惑的语言种类更能引起火星科学家的注意：不同地方的语言听起来（就手语而言是看起来）差别很大。全世界有超过 6 000 种不同的口音。深入抽象的语法结构不是火星科学家能发现的单一的"地球语言"。但是，火星科学家会很容易发现，从合恩角到西伯利亚，从塔斯马尼亚到火地岛，语言有着惊人的相似性。

火星科学家能够在任何地方看到相同形式的交谈特点：一个快速轮换的交谈系统。大多数情况下，一个人每次说话时，在对交谈时间的敏感、精确的反应上都有1秒提示窗口，用来区分交谈时反应过快、反应及时或者反应延迟的细微差别。此外，人类交谈时还会过分依赖“mm-hmm”“um”“Huh？”这些看似“毫无意义”的词汇。然而火星科学家几乎可以在所有人类的交谈中发现这些特征，但在其他物种间的沟通中并没有发现。

值得高兴的是，作为地球人，我们不需要假设在自然状态下火星科学家在观察语言时会看到什么。而且越来越多的人开始在实际生活中研究会话机。我们现在已经了解了很多交谈的良好时机、一些在交谈持续进行过程中起至关重要作用的非正式词汇的含义和功能。而且，与那些停留在表面的研究者相比，我们对于是什么让交谈具有普遍性的认识更深入，深入到人们对社会互动的共同认知中。

如果没有人类物种的高度协作和以道德为基础的思维方式，语言不会发展至今。为了保证会话机的运行，人类应用了高层次的人际认知：我们可以从他人言语的准确含义中推测他们的意图（动物无法使用这种方式），我们监督他人在互动中的个人和道德承诺，在必要时确保他们履行承诺，我们通常选择最有效的回应方式与他人合作。在必要和可能的情况下，我们通过相互帮助来保持交谈顺畅进行。这就表明，交谈不仅需要大量的关注和努力，还需要人类特有的社会认知技能。

人们对语言的认知必须存在于大脑中，从这个意义上来说，语言的认知在于个人。但是大量关于大脑如何运作的研究表明，认知从根本上说是被动分配的。我们大部分的思考和推理并不仅仅通过大脑。使用大脑时，我们通常要将它们与外部系统联系起来。外部系统可能是如铅笔、橡皮或者智能手机等能够激活我们记忆和推理能力的物理客观实物。在交谈中，与我们相关的外部系统就是他人的肢体语言和思想。

语言所需的认知尤其需要与他人的想法、感受和意思相协调，其定位是指社会属性单位（其中的单位“我们”就是正在交谈的双方）正在共同做或至少尝试做的事情。语言的认知本质是交谈性的，这一点对于理解语言核心的会话机的思想至关重要。交谈时，不是我们开启了会话机，而是会话机驱动着我们。

在接下来的章节中，我们将了解是什么让我们能够在日常交谈中获得重大的成果，并探讨会话机到底是什么以及它的功能。我们可以从这样的一个观点开始：交谈是有规则的，这种规则需要一种独特的、基于道德的社会认知。

HOW
WE
TALK

The inner workings of conversation

第 1 章

交谈的规则

我们知道语言是有规则的，有主语和宾语、词形和格的变化、短语和句子。我们还认识成千上万的单词，但这些还远远不够，我们还要知道如何依据语法、按照特定的规则，把单词组成句子。其实大多数人并不能准确运用这些特定的规则，但人们在说话时都会下意识地遵守这些规则，只是偶尔犯一些小错误。

除了语法，指导语言的规则还有另一个维度：交谈的规则。比如，当有人问你问题时，你理应做出回答。即使你无法回答，也应该有所回应，比如，给出你不能回答这个问题的原因。如果有其他人被问到这个问题时，你也不应替他们回答。

我们认为，这些与其说是规则，不如说是简单的礼貌。

但还不止这样，这不是规范个人行为的规则，而是团队成员应该如何行动的规则。如果把调节交谈的规则看作一种群体活动，这些规则就是有意义的。交谈时，每个参与者都有一套隐含的权利和义务，因为交谈本质上是协作行为，是一种共事的形式。

人类的共事能力

在社会生活中，人类的协作共事能力是具有决定性的能力之一。合作时，我们会达成一个（通常是不言而喻的）协议，共同努力实现共同的目标。通过协议，我们在道德上对这一约定负责。共事不仅是一种行为方式，更意味着一种特殊的思维方式。

哲学家约翰·塞尔（John Searle）设想了这样一个场景：许多人从不同的方向跑到公园中央的遮蔽场所。在这个场景中，他提出了两种可能发生的情况。第一种情况是，刚开始下雨，这些彼此陌生的人，他们只是来避雨，每个人来到同一地方都是出于同样的原因。虽然他们的行为看起来是协调的，但其实他们是独立行事的，并不是一个团队。在第二种情况下，这些人是室外芭蕾舞团的成员，因为从事公开演出，他们被要求在规定时间内聚集到同一地点。这两种情况之间的关键区别在于，个体认为他们在做什么。在第一种情况下，合理的想法是“我”正奔向遮蔽场所（顺便一说，其他人碰巧也这么做）；在第二种情况下，则是“我们”正在这样做。这种区别看似比较理论，却得出了一个重要结果：它在相关人员之间引入了道德约定。

哲学家玛格丽特·吉尔伯特（Margaret Gilbert）在探讨共事的道德结果时，想到了一个最为简单的例子：一起散步。她的兴趣点是具有普遍意义的社会现象，在她看来，一起散步是所有社会现象的典范。同样，我们可以对比两种表象相似的情况。两个人并肩走着，在一种情况下，两个人在同一时间恰好去往同一个方向，就像在任何繁忙的城市街道看到的一样。在另一种情况下，是两个人商量好一起去散步。

吉尔伯特指出这两种情况之间的一个重要区别。假如这两个人中的一个加快一点儿步伐，领先了另一个人。在第一种情况下，这一点可能根本不会被注意到。但在第二种情况下，走在前面的人可能会受到吉尔伯特所谓的温柔的责备：“你走慢一点儿，我跟不上你了！”

根据定义，共事行为包含了权利与义务。正如吉尔伯特在谈到两个人一起散步的例子时所说的一样：“每个人都有获取他人关注和纠正他人行为的权利。”每个人都有道德责任去确保自己正确履行，比如，如果一个人先走一步，另一个人可能会责备他。语言的基本规则是，参与共事的人具有权利和相应的责任去责备没有参与共事的人。我们来看一些例子。

交谈中的约定和道德责任

提问是人类语言的普遍特征。构成问题结构的特定语法规则，包括回答“是”或“否”以及“谁”“哪里”“什么”的问题类型，在不同的语言之间变化很大。在此，我关注的不是问题的语法结构，而是问题在社会交往中起作用的方式。与共事行为一样，问题产生了约定和相关的道德责任。

假设我问你：“现在是什么时间？”你就会背负起道德责任。你不能什么也不说，不管你是否知道答案，你都要做出回应。如果你不回应，就要做好准备承受我哪怕是温柔的责备。

在一个电话录音中，一位祖母关心孙女的健康，希望孙女去看病。祖母说：“我不能袖手旁观，看你耽误了自己。”以下是交谈内容的部分摘录：

1. 祖母：现在你可以为了我去看病了吧?
2.（2.5 秒的沉默）
3. 祖母：亲爱的?
4. 孙女：怎么了（What）?
5. 祖母：你会这么做吧?
6. 孙女：好啦，奶奶，去看愚蠢的病可能会很贵。

在祖母直接提问时，孙女没有回应。但是她有责任做出回应，所以祖母有权在孙女回应之前继续寻求回应。祖母没有明确地责备孙女，但她需要一个解释。当孙女做出回应时，也就是交谈中第 6 条，孙女并没有直接回答提问，而是换了一个角度来回应。这和我们被问到时间一样：我们没有义务知道时间，如果我们知道可以回答，但如果不知道，也可以拒绝回答。

来看另外一个例子，有 A 和 B 两个人，A 有权在得到 B 的答案前对问题进行不止一次，甚至超过两次的追问。

1. A：这里有什么困扰着你吗?
2.（1 秒的沉默）
3. A：有还是没有?
4.（1.5 秒的沉默）

5. A：嗯（Eh）？

6. B：没有。

有时，人们的责备会比前面例子中的祖母更明显。下面的例子是团体治疗小组中的交谈记录：

1. 罗杰：但是请告诉我，是每个人都如此还是就我这样?

2. 肯：不要转移话题，但……

3. 罗杰：我没有转移话题，回答我。

4. 肯：我是在聊这个话题，但我不想打断你，然而……

罗杰问了个问题。当肯说别的事情来代替给出明确答案时，罗杰发出了明确的责备，告诉肯不该说什么和应该说什么。这说明，一个人有权责备另一个没有遵守约定的人。

问题产生的约定和道德责任与提出问题的人也有关。来看下面的例子，例子中的人在谈论一个熟人。

1. 艾米（问奥莉芙）：她给你打电话聊了吗?

2. 露丝：没，那大概是浪费时间。

3. 艾米：我是问奥莉芙，不要替她回答。

4. 露丝：好吧，抱歉。

> 5. 奥莉芙：她给我打过一次，看我妈妈有没有大发雷霆，除此以外……

当露丝打断并企图去回答问奥莉芙的问题时，艾米并不“温柔”地责备了她。这样的例子表明，当人们在日常交谈中问问题时，就会产生约定和道德责任。交谈中，当人们没有按约定去做应该做的事情时，对方就有权责备。实际上，只有当一些人“离开”隐含的规则，这些约定才会变得明显。

这些例子表明，正如多数人愿意遵守有关问题的约定，人们也愿意在约定可能被打破的情况下继续执行。这是一种来自社会的强制。虽然不像在法庭上宣誓一样，但即使是最普通的日常交谈，我们仍旧严格遵守约定。

这意味着我们不能违背约定。正如在上面的例子中看到的，一个被提问的人必须给出一个回应，最好是具体信息的回答。但是，任何政治家都知道，凡涉及答案的内容，都是有余地的。正如美国国防部前部长罗伯特·麦克纳马拉（Robert McNamara）所说：“不要回答你被问到的问题，回答你希望被问的。”

在提问回答的游戏上“作弊”，大概是因为我们可以只给出一个答案确保遵守约定，而不是必须给出所要求的答案。来看看记者朱迪·伍德拉夫（Judy Woodruff）和时任美国参议员詹姆斯·丹·奎尔（James Dan Quayle）在 1988 年 10 月美国副总统提名人辩论中的一次交谈。

> 伍德拉夫：你在参议院的领导鲍勃·多尔（Bob Dole）认为，必须选择一个更有资格的人。其他共和党人在私下也抱着质疑的态度。你认为是什么让你没有给身边的人留下更为深刻的印象？
>
> 奎尔：抛开我是否有资格成为副总统或者成为总统这个问题，竞选副总统或总统都不该受到年龄的限制。你们必须看重的是成绩，是经历。

奎尔有义务给出一个答案，但是除此以外，他有很多种回答方式可以选择。在这个交谈中，他就是按照他希望被问到的问题回答了记者的提问。

交谈中的问题预示

有时，当一个人想问某个问题时，需要提前让对方知道这个问题的背景。下面是一个来自广播节目交谈的例子：

1. 电话来访者：我想要问你点儿事。

2. 我写了一封信。

3. 节目主持人：嗯哼（Mm-hmm）。

4. 电话来访者 : 给主管。

5. 节目主持人：嗯哼（Mm-hmm）。

6. 电话来访者：告诉他，我是怎么看他的。

7. 你觉得我会得到回复吗?

8. 节目主持人：会的。

这位电话来访者表明他是想问些问题的，但他并没有一上来就提问，而是先讲了这个问题发生的背景。节目主持人只是给出反馈表示正在听。直到问题出现，主持人做出回答。这个例子表明，通过这些提前铺垫，能够省去或留存投入交谈的时间，提高交谈中要求他人遵守约定的程度。在这里，主持人不仅要回答问题，还需要在回答之前注意提问者给出的有关问题的背景。

有时这意味着在问题最终提出之前应该等一会儿。广播节目中的另一位电话来访者用“让我问你个问题”来表示问题的提出（下面第 1 条中画线的句子），这之后经过了一段话，主持人一直等到第 34 条（画线的句子），才终于等到这个问题。

1. 电话来访者：听我说，克兰德尔先生，让我问你个问题。
2. 一辆出租车。我正站在街角。
3. 我听到你和出租车司机聊天。
4. 节目主持人：啊哈（Uh-huh）。
5. 电话来访者：呃（Uh），难道不是一个出租车司机吗?
6. 节目主持人：他是。
7. 电话来访者：现在我站在街角。
8. 节目主持人：嗯哼（Mm-hmm）。
9. 电话来访者：我生活在昆斯。
10. 节目主持人：嗯哼（Mm-hmm）。
11. 电话来访者：皇后大道附近。
12. 节目主持人：嗯哼（Mm-hmm）。
13. 电话来访者：我现在站在皇后大道和第 39 街的交叉口。
14. 节目主持人：所以?
15. 电话来访者：呃（Uh），我……一辆出租车过来，我挥了挥手臂。
16. 好吧，“我要搭车，我要搭车。”你懂的。
17. 节目主持人：嗯哼（Mm-hmm）。
18. 电话来访者：嗯（Um），我就像在自己家里客厅一样，挥舞着胳膊。
19. 节目主持人：（笑）。
20. 电话来访者：呃（Uh），他只是从我身边经过。
21. 节目主持人：嗯哼（Mm-hmm）。

22. 电话来访者：呃（Uh），两三……大约三个街区。
23. 在我要去的方向上，有一个出租车停靠。
24. 节目主持人：嗯哼（Mm-hmm）。
25. 电话来访者：呃（Uh），这有一个医院，嗯，一个街区。
26. 和地铁站，就在那儿。
27. 节目主持人：嗯哼（Mm-hmm）。
28. 电话来访者：呃（Uh），现在我步行，三四个
29. 街区到那个出租车停靠站。
30. 节目主持人：嗯哼（Mm-hmm）。
31. 电话来访者：但我已经走过了刚才
32. 我在的那个交叉口。
33. 节目主持人：所以？
34. 电话来访者：现在那个出租车司机不该为我停下吗？

同样的机制也适用于其他类型的交谈，例如请求帮助。在接下来的例子中，弗莱德在提出请求时（第 1 条）给出了预示。根据第 2 条的进展，贝亚在遵守交谈约定时不仅要考虑给予帮助，而且要注意引导。这个例子中虽然没有明确的请求，但从第 5 条弗莱德所说的可以看出，他想要别人帮他处理坏掉的扣眼。

1. 弗莱德：啊，顺便一说，我想请你帮我个忙。
2. 贝亚：当然，请说。
3. 弗莱德：你还记得几周前你给我做的那条裤子吗？
4. 贝亚：记得。
5. 弗莱德：这周末我要穿去维加斯，但是扣眼坏了。
6. 贝亚：弗莱德，我做这条裤子的时候就告诉你了我做了扣眼。
7. 弗莱德：但是我讨厌打扰别人。
8. 贝亚：没问题，我们可以周一忙完工作再处理。

还有另一种情况，有人请求帮助时，事先会以“你愿意帮我个忙吗”这种直接提问的形式来预示。当吉姆说“你说”时，他很显然是不同意帮这个忙的。但在请求变得明确前（第 7 条），他依然可以扮演一个听者的角色。

1. 邦：你愿意帮我个忙吗?
2. 吉姆：呃（Uh），取决于是什么忙，你说。
3. 邦：你妈妈有没有告诉你我前几天给你打电话了?
4. 吉姆：她没有。
5. 邦：好吧，我打了。
6. 吉姆：啊哈（Uh-huh）。
7. 邦：我是想问我能否借用你的枪。

在交谈时，也可以用同样的机制预留或阻断时间。在下面的例子中，约翰说他想告诉艾迪一些事，实际要说的则跟在必要的铺垫后，也就是第 11 条。

1. 约翰：我想跟你说点儿事。
2. 你知道——当我们去那个地方时，
3. 去开车吗?
4. 所以我回到那里。
5. 然后你知道发生了什么，
6. 听着，艾迪你们这些家伙。
7. 还记得我们什么时候看到车的吗?
8. 艾迪：记得。
9. 约翰：我们第二天去看那个小伙子
10. 去开车。
11. 然后他以为你是我儿子。
12. （笑）。

交谈中的叙述规则

这些在将要进行的交谈中间隔的表达方法构成了我们开始和陈述的基础。假设你在和某个人交谈，他说“听着，昨晚在仓库发生了一件非常非常有趣的事情”，那么这个人正尝试用一个约定来引导和控制接下来的交谈。

在这样一条约定中所赋予的权利和义务如下：

- 在下一个回合中，你应该给出一个直接的信号，例如“什么”“啊哈（uh-huh）”“哦，是吗？发生了什么事？”
- 然后人们会不间断地交谈一段时间。交谈的内容应停留在叙述故事的主题上，高潮内容符合约定的描述：在这种情况下，发生在仓库的事情非常非常有趣。
- 在这段描述中，你应该观察并留意交谈者，并在交谈过程中表现出明确的理解痕迹，例如，说“啊哈（uh-huh）”或者点点头。
- 直到聊完、转换话题或者走开，你都应该保持专注。
- 当说到有趣的内容时，可以用“哇”或者其他相似的方式来表达你的理解和欣赏。
- 然后参照刚才讲的，你也可以叙述一个相关的故事。

乍一看，这些规则的意义只是告诉你当有人跟你说某件事的时候，你该如何表现出礼貌。在有关对话礼仪的手册中，我们可以很容易找出这些规则的依据。莎拉·安妮·弗洛斯特（Sarah Annie Frost）1860 年的《弗洛斯特定律和美国社会法》（*Frost's Laws and By-laws of American Society*）就提到了以下相关内容：

> 在社交礼节中，饶有兴趣、专心致志地倾听对于确保良好沟通至关重要。一个人在社会上表现出的优雅精致，是由听者的性格决定的。
>
> 应该坚决避免所有扰乱心绪的事。没有什么比当你理应专注认真聆听别人对你说的话时，你陷入沉思、漫不经心、明显走神的表现更令人不快的了。英国著名政治家、外交家查斯特菲尔德勋爵（Lord Chesterfield）说："当我看到一个人精神缺席时，我会选择身体缺席。"这句话包含了很多道理。

但比起仅仅想表现出良好的性格，还有其他更多需要注意的点。如果在交谈中没有叙述规则，就无法保证这些叙述能够顺利传达。因为交谈中的叙述不仅能让我们分享经验，还能分享我们对生活中所发生事情的评价和估计。这是会话机的核心功能：社会的凝聚机制。

因此，让我们思考一下叙述规则是如何使讲故事在交谈中变得可能，并使它发挥其社会功能的。

这些规则有助于解决的第一个问题是，因为整理一个故事需要花点儿时间，所以需要提前给叙述者预留时间。日常交谈是轮流进行的，不能保证在另一个人加入进来前，正在说话的人就可以结束当前的话，并将话题推向新的方向。但是，当一个故事正在进行时，称职的听者会（或应该）避免引入新的主题或者引导一个新的讨论方向，即使他们迫切希望这样做。我们都经历过作为听者，发现话题无法结束的感觉。当然，到最后我们可以要求他们直接说到点子上，说话人有权利不间断地说话，但同样有义务不要说得过长。

这些规则有助于解决的第二个问题是，叙述规则是通过自我和他人监督来帮助定义共事的。实际上，听众需要集中精力让讲故事的人知道叙述的每一步被理解和接受的程度。

这些规则有助于解决的第三个问题是人际关系。交谈中的叙述不仅仅是传递信息、简单描述发生了什么，同时也评价所发生的事，并采取立场：这件事是可怕的、惊人的、错误的、有趣的，还是什么？反过来，这样的立场让其他人有机会采取相同的立场，从而加强人们之间的社会纽带。

这就是语言在交谈中的作用方式，类似于其他社会物种形成联盟的方式。例如，卷尾猴在与其他联合起来的群体互相攻击时建立联盟，事实上，卷尾猴在伪联盟中的参与比在真联盟中更频繁。群体成员聚在一起，攻击一些无害的东西，比如鸡蛋或一块泥土。重要的不是他们采取什么样的立场，而是群体中的人都采取相同的立场。当人们八卦某个名人时，情况也是一样。像卷尾猴攻击一些无害的东西一样，名人给了我们建立联系机会的低成本目标。例如，乘火车上班路上发生的小故事，给我们提供了达成一致并建立纽带的机会。因此，我们有充分的动机去遵守交谈的叙述规则。

遵守规则的另一动机是希望避免违反规则带来的后果。交谈的规则一旦被打破，就会变得极为明显。这一发现是20世纪60年代由社会学家哈罗德·加芬克尔（Harold Garfinkel）的学生进行的一系列非正式的实验所得。

在其中一项实验中，学生被要求与熟人或朋友进行普通的交谈，在没有表明实验任何特殊性的情况下，坚持要求他们澄清其话语的含义。

在正常的交流中，人们会设想对方明白自己的意思，从而忽略很多细节。交谈中一条需要被尊重的规则就是在没有提供细节时不深究。下面是一个违反规则时的例子：

A：我的轮胎瘪了。

B：什么意思，你的轮胎瘪了？

A：（一脸惊愕）轮胎瘪了就是轮胎瘪了！这就是我的意思。没什么特别的。你问的是什么疯狂问题！

另一个例子是一对夫妻正在看电视时的交谈。

A：我累了。

B：你怎么累了？身体上，精神上，还是仅仅觉得无聊了？

A：我不知道，主要是身体上吧。

B：你是肌肉疼还是骨头疼？

A：我想是的。别那么专业。

（继续看电视）

A：所有这些老电影都有相同的铁床。

B：什么意思？你的意思是全部的老电影还是一些，或者说只是你看过的一部？

A：你怎么回事？你知道我的意思。

B：我希望你说得具体点儿。

A：你知道我的意思！

交谈中突然发火不仅尴尬，而且社会代价高昂。即使是稍微违反交谈规则也会很快引发沮丧和冲突。

现实生活的交谈中，我们没有脚本可以遵循。但人们不仅能够良好地驾驭对话，还能对出错保持高敏感度。这是因为我们清楚一整套的交谈规则。不仅如此，我们还会惩罚那些违反规则的人。在这里，我们看到在实际应用中，会话机有两个关键要素。第一，规则决定了我们的交互结构，为推动交谈进行设定了范围和方式。第二，人们在交谈中，运用较高层次的社会认知，密切监控他人的行为，在发生越界行为时行使自己的道德权利和义务。

会话机的这两个要素都受到另一要素的不断影响：永不停息的时间。我们之前讨论过的各种规则不仅规定了我们应该如何回应，还规定了应该何时回应。在接下来的两章中，我们将了解在交谈中及时把握时机的重要性。

HOW

WE

TALK

The inner workings of conversation

第2章

把握交谈的时机

在关于交谈的研究中，被引用最多的是一篇1974年发表在美国语言学会期刊中的论文。文章的标题略显尴尬：《一个最简单的对话轮流组织》（*A Simplest Systematics for the Orgnization of Turn-Taking for Conversation*），这是社会学家哈维·萨克斯、伊曼纽尔·谢格洛夫（Emanuel Schegloff）、盖尔·杰斐逊（Gail Jefferson）的研究成果，他们从20世纪60年代开始研究自然交互作用的微观社会学现象。现在已知的交谈分析法，以及这一方法的许多持久性原则都出自这一文章。

萨克斯他们从对日常交谈的基础观察入手，比如任何在早餐桌前、公交车站或是饮水机旁的交谈。乍一看，这些观察似乎并不起眼，比如：

- **在交谈中，说话人发生变化。**

- 多数情况下，一次只有一个人说话。
- 有时人们说话会重叠，但不会太久。
- 通常，从一个说话人到另一个说话人的轮换是有条不紊的，没有可以听出的间隔和重叠。
- 人们说话的顺序不能提前确定，是会变化的。
- 每个人说话的时间不能提前确定，是会变化的。
- 交谈的时间长度不能提前确定。
- 人们说话的内容不能提前确定。
- 有时候，谁是下一个应该说话的人是很明显的，例如，当一个人被提问时；除此之外，可能会临时决定下一说话的人。

这些说法中有一些是没有争议的。另一些则会引起争议。比如，许多学者都对交谈中“一次只有一个人说话”提出了质疑，因为在有些文化背景和语境中重叠说话是很常见的。我们将在后面探讨这个说法。现在，让我们把注意力放在英语和非正式交谈中起作用的基本系统上，以电话交谈的例子为主。

轮换中的重叠与间隔

你可能觉得性质简单的交谈毫无评论的价值。但正因为如此，这些交谈才引起了研究学者的浓厚兴趣。从参与者的角度来看，交谈似乎就是以一种完全随意的方式进行的。但我们观察到的并不是这样，这种来来回回的交谈叫作轮换，往往以非常简洁的方式进行。

表 2-1 是一个电话交谈中快速有效轮换的例子，表中给出了间隔的时间，并用负号表示轮换之间的重叠。

表 2-1　电话交谈中快速有效的轮换

（接通电话）

马修		哈啰，这是 Redcah 5061。 Hello Redcah 5061？
维拉	+0.15 秒	马修好，亲爱的，你妈妈在吗? Hello Mathew is yer mum there luv？
马修	+0.13 秒	不在，她去镇上了。 Uh no she’s gone up to town.
维拉	+0.24 秒	好吧，那你一会转告她维拉阿姨刚打过电话。 Alright uh will you tell’er Auntie Vera rang then？
马修	–0.03 秒	好。 Yeah.
维拉	+0.13 秒	嗯对，她很好。 Okay. She’s alright is she.
马修	+0.10 秒	好的。 Yeah.
维拉	+0.07 秒	好，对。再见，亲爱的。 Okay. Right. Bye bye luv.
马修	+0.02 秒	嗒嗒。 Ta-ta.

（电话挂断）

在这个例子中，说话人之间的轮换，即从一个人说完话到另一个人开始说话，这中间的轮换时间十分紧凑，每个回合只有 0.1 ～ 0.2 秒。

当然，一个简单的例子并不能建立起广泛应用的语言模式。已经有几项大规模的研究验证了无间隔无重叠的语言模式是否具有优势。2006 年，我与心理学家 J.P. 德鲁伊特（J.P.de Ruiter）和霍格尔·米特雷尔（Holger Mitterer）一起研究了大量的荷兰语电话录音。我们测量了在自由进行的交谈中从一个说话人轮换到另一个说话人每次所花费的时间，然后发现在零点附近存在一个强烈的峰值，如图 2-1 所示。

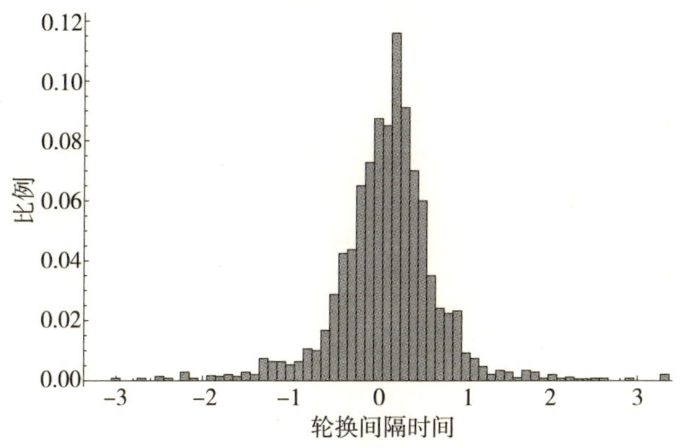

图 2-1　图中显示的是一组荷兰语电话录音中，1 521个说话人的轮换分布。每个条形表示在100毫秒范围内的一组轮换。条形的高度代表定点时刻发生的轮换与总量的比例。最高比例的轮换发生在大约200毫秒间隔的附近。

资料来源：de Ruiter, Mitterer, and Enfield, 2006: 517.

超过 40% 的轮换发生在零点前后 1/4 秒的范围内。说话人之间的这些变化点包括轻微的重叠和细微的间隔，总共有 85% 的转换发生在零点附近 3/4 秒的范围内。

在类似的英语研究中，语言学家斯蒂芬·莱文森（Stephen Levinson）和弗朗西斯科·托雷拉（Francisco Torreira）测量了说话人之间总数超过 20 000 次的轮换，并发现了非常相似的结果，如图 2-2 所示。

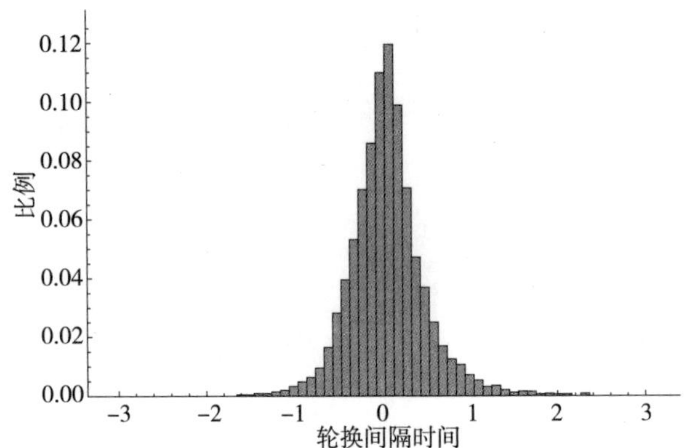

图 2-2　图中显示的是一组英语录音中，超过20 000个说话人的轮换分布。每个条形表示在100毫秒范围内的一组轮换。条形的高度代表定点时刻发生的轮换与总量的比例。最高比例的轮换发生在大约200毫秒间隔的附近。

资料来源：Levinson and Torreira, 2015: 16.

同样，这表明在交谈中，说话人之间的紧密轮换是常态。从 38 小时的即兴演讲到 348 个不同的交谈，研究表明，只有 3.8% 的时间是重叠的。说英语和荷兰语的人遵守了“一次只有一个人说话”的规则。

心理学家卡丽娜·里斯特（Carina Riest）、安尼特·乔什克（Annett Jorschick）和 J.P. 德鲁伊特对德语交谈中 1 500 人对话轮换的样本的研究，进一步确认了这一模式，如图 2-3 所示。

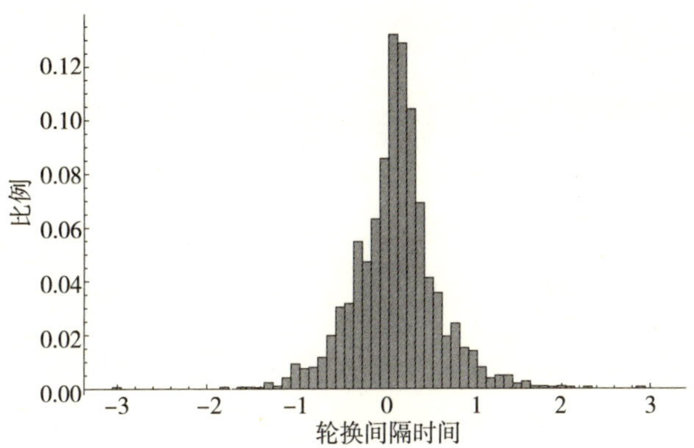

图 2-3　图中显示的是一组德语录音中，1 500个说话人的轮换分布。每个条形表示在100毫秒范围内的一组轮换。条形的高度代表定点时刻发生的轮换与总量的比例。最高比例的轮换发生在大约200毫秒间隔的附近。

资料来源：Riest, Jorschick, and de Ruiter, 2015: 65.

导致如此显著的研究结果有两个原因。第一个原因是，人们通常遵守“一次只有一个人说话”的规则。多数说话人都是定时轮换的，这样说话人之间就几乎没有任何间隔或重叠。虽然间隔和重叠是常见的，但绝大多数都持续不到半秒，这表明无间隔无重叠的语言模式是常态或者标准。令人惊讶的是，实际上，人们在运用语言时并不总是遵守规则。许多语法书中的规则，例如，“不要以介词来结束”就总是被打破。但“一次只有一个人说话”的规则不是这样。[①]第二个原因是，有关交谈的非常特殊的心理：人们都有能力也愿意通过把握良好时机和有序分享来交流互助。

上面提到的研究表明，在大量的交谈样本中，人们从一个说话人轮换到另一个人时，倾向于留最短的间隔和最少的重叠。这对说话人来说，听起来似乎没有间隔。仔细观察图 3-2 可以发现，转换的最高点不是在零点，而是稍晚一会儿，大约在 200 毫秒。虽然客观上这是一个短暂的空白间隔，但实际上人的耳朵是听不出的，毕竟 0.2 秒比眨眼的平均时间还要短。

只有掌握选择正确的时机开始说话的方法，才能抓住这

① 我们观察到的间隔和重叠并不违反轮换规则，因为大多数的间隔和重叠都是非常简短且短暂的。

一良好时机。准备结束说话的人会给出某个信号，告诉别人他们说完了，以便让下一个说话人可以在恰当的时机进入交谈。研究人员提出了一些可能的信号，包括音调的急速下降、手势或眼神的移动。但是，这个信号理论存在一个问题，如果信号是现在的说话人在结束时给出的，人们就没有充足的时间准备并尽快开始说话，因为轮换需要超过 200 毫秒的时间。确切地说，需要超过半秒的时间才能完成从准备说某句话到真正说出所需要的全部心理过程。

心理语言学家威廉·莱维特（Willem Levelt）指出：人们对语言产生的心理过程进行的细致入微的研究，揭示了人类如何“从意图到表达”的内在运作。

通过对图像简单命名的心理实验，莱维特和他的同事们已经发现了内在运作所包含的步骤以及每一步所需要的时间。例如向一个人展示一匹马的图片，为了给所看到的东西命名，会发生一系列的事情。首先，他需要在头脑中找出马的概念，这大约需要 175 毫秒。接下来，从这个概念转到他脑海中“马”这个词，大约需要 75 毫秒。然后，他必须检索出这个词的发音，首先是语音编码（phonological code），或构成这个词的一系列声音，这大约需要 80 毫秒，然后把这些声音组成音节，这另外需要 125 毫秒，最后通过语音编码开始执行实际用于发音的程序。从具有说话的意图到真正发出声音，总计 600 毫秒。

现在考虑一下轮换的良好时机。如果从一段发言开始到实际发言只需要半秒的时间，并且前一个人说完之后平均 1/5 秒下一个人才开始说话，那么接下来新的说话人必须在别人结束说话前做好准备。然而，正如我们看到的，人们并不会不停地打断对方，也不会在交谈中留下太多间隔。唯一的解释就是下一个说话人能够以某种方式提前知道正在说话的人可能停下的时刻。

哈维 · 萨克斯和他的同事们在 1974 年发表的一篇关于轮流发言的论文中发现了可以提前判断当前说话人什么时候结束的能力，他们将这种能力称为预测（projection）。在自由交谈中，人们可以提前预测正在说话的人什么时候停下，然后在某个足够早的时间，人们可以放慢语速来推动交谈机制，这样在开始说话时就没有间隔和重叠了。对于听者来说，有什么可用的信息能够预测说话人结束的时间呢？这里有几个在交谈中可能有用的信息。

轮换的声音信号

一个可能帮助预测轮换时间点的信息是句子的发音或韵

律的方式。韵律是句子中一些具有可听性的元素，包括音调、语调、重音或强调、速度或节拍与停顿。这些可以归结为三个声音信号要素：

1. 基频或基音（以赫兹为单位）。
2. 持续时间或长度（以毫秒为单位）。
3. 振幅或响度（以分贝为单位）。

心理学家斯塔基·邓肯（Starkey Duncan）在 1972 年的一篇文章中提出，交谈中使用了各种“轮换提示”。其中三种是韵律：

1. 任何持续的中音以外的高音轮廓（这是持续的语音特征）。
2. 最后一个音节拖长音。
3. 音高或音量下降。

玛格丽特·撒切尔夫人担任英国首相时，在接受记者采访过程中经常被打断，媒体采访显得很尴尬。心理学家杰弗里·贝蒂（Geoffrey Beattie）、安妮·卡特勒（Anne Cutler）和马克·皮尔逊（Mark Pearson）在 1982 年的一项研究中探讨了发生这种情况的原因。他们知道撒切尔夫人采用的是一种不寻常的语调模式，所以他们更为仔细地研究是不是这一模式在起作用。结果发现，记者并不是有意打断她，而是听起来好像撒切尔夫人即将结束发言。然而，记者提出下一个问题时却发现撒切尔夫人并没说完，这听上去好像打断了她的话。贝蒂和同事们对撒切尔夫人的演讲进行了语音分析，发现撒切尔夫人实际上在用与记者略有不同的轮换规则。她的语调会在某些短语的结尾处急剧下降，似乎是在发出“我要说完了”的信号。而事实上，她还没说完。

例如，记者丹尼斯·托伊（Denis Tuohy）试图在撒切尔夫人还没有说完的时候开始一个轮换。

> 1. 撒切尔夫人：如果你的口袋里有钱，可以选择（停顿）把它花在吸引增值税的事情上（停顿）或者不。
> 2. 托伊：[你……
> 3. 撒切尔夫人：[而主要的必需品则不然。
> 4. 托伊：你刚才说增值税……

这个例子中的方括号表示这两句话是重叠进行的。记者准备讲话时，撒切尔夫人却继续说她没说完的话。记者迅速停下，把话语权交给了撒切尔夫人。等她说完了，记者才重新说他没有说成、被迫中断的话。

贝蒂和同事们注意到，有时打断交谈是因为一个人企图主导交谈，或者是因为错误理解了“轮换信号”。贝蒂和同事们从记者和撒切尔夫人之间的长时间采访录音中抽取了包含至少一个长句的 40 个样本。他们向参与实验的被试播放这些样本，并要求被试简单判断每一个样本中撒切尔夫人是否说完了。贝蒂和同事们以各种形式展示了这些总结，包括完整的视频（图像和声音皆有）、音频和书面形式。这里，我们只关注撒切尔夫人的声音信号。

当人们听到采访中真正的轮换时，大多能够进行正确判断。当他们听到样本中较长的轮换时，在接近 70% 的时间里可以准确判断听到的轮换是不完整的。关于这两种类型的样本，尽管人们几乎不了解原始对话的语境信息，但样本中的一些内容仍能让人们并非偶然性地、更准确地进行判断。当人们听到双方交谈出现重叠时，一方面认为撒切尔夫人还在继续说，另一方面认为记者也开始说话的一多半时间里撒切尔夫人也已经说完了。这一结果支持了贝蒂和同事们的猜测，也就是记者并非有意打断，而是像参与实验的被试一样，认为撒切尔夫人已经把想说的话说完了。

贝蒂和同事们开始探究，撒切尔夫人还没说完却给人留下错误印象究竟是怎么回事。他们注意到，撒切尔夫人大部分话语结束时都有明显的音调下降。在每个录音样本中，他们进行两项测量：一是音调下降发生的时间，二是精准测量结束点的音调有多低。

根据音调下降发生的时间衡量，中断的轮换听起来和持续进行中的轮换截然不同。中断轮换的特点是音调突然下降，甚至比实际进行的轮换还要突然。相反，持续进行的最后音调下降的轮换要花几乎两倍的时间。而记者以撒切尔夫人句尾音调下降时长为线索，认为她将要结束对话，这就解释了记者在采访中的打断行为。

在测量撒切尔夫人下降的音调有多低时，中断的轮换（平均降到 167 赫兹）听起来更像是没有被打断的轮换（下降到 161 赫兹），与采访中真正完成的轮换（下降到 141 赫兹的低点）是不同的。

撒切尔夫人采访中的轮换，与她是否真的结束有着相互矛盾的信号。记者（像贝蒂实验中的多数被试一样）根据音调下降所需的时间做出判断。当他听到在句子结束点音高突降时便开始说话，结果发现自己打断了她。但是这一突降并不是撒切尔夫人发出的轮换信号，她的轮换信号是另一种不同的表现。撒切尔夫人也是在最后降低音调，但是速度不同。我们可以理解成撒切尔夫人发出错误的信号，或者记者接到错误的信号。无论是哪种，两个人交谈度量的校准都存在问题。

通过现代数字处理录音的方法，挑选一些不同的线索能够更为细致地研究这一问题。我与 J.P. 德鲁伊特和霍格尔·米特雷尔合作的一项研究，使用计算机操作系统消除了不同条件下的语音信号特征。我们在隔音室里录下朋友之间的非正式对话（讲荷兰语的），每个人都是被独立录制的。这样，即使一个人中间被打断或者与其他人有些重叠，在回放录音时也可以把两个说话人的录音分开。

在实验中，我们给人们播放简短的片段，然后要求他们在自己认为说话人接近结束的时候按下一个按钮。如果人们只需要对停止的声音做出反应，他们按下按钮的速度就会很快。于是，我们向他们播放白噪声，并要求他们在尽可能接近结束信号时按下按钮。平均来看，他们在噪声停止时按下按钮所需的时间是 1.5 秒。但是，在自然状态下记录的语音样本中人们做出的反应就非常不同。平均而言，实验中人们能够在轮换结束后 200 毫秒内按下按钮，比在白噪声条件下快了 7 倍左右。如我们所见，人们要开始接下来的交谈也需要平均 200 毫秒的反应时间。

我们创建了这些自然语音样本的无音调版本。在这些版本中，我们使用计算机程序人为地调平了话语的音调，同时确保了其他所有语言信息完好无损，不只是所有原始单词都清晰，而且任何音量和长度的变化都是清晰的。我们发现，人们能够在轮换结束后 200 毫秒内按下按钮。在无语言条件的设定下，我们用过滤器遮掩掉词的声音，这样听者就无法理解所讲内容的含义。但他们仍可以听到音调、音量和音长等所有韵律特征，就好像趴在房间墙壁上听隔壁的小声交谈。在这种状态下，在预测结束时间上听者的表现更差，他们按下按钮的速度比之前慢两倍。在手指按下按钮前的间隙时间平均是 0.5 秒。不过要注意的是，这仍然比白噪声条件下快得多。

这个结果表明，轮换的音调本身并不是一个必要或充分的信号。但看起来似乎没有一个单一信号能可靠地判断轮换结束。

轮换的语法结构信号

在哈维·萨克斯和同事一起撰写的关于轮换的开创性论

文中，用来预测某个人轮换结束的最重要线索之一是其语法结构。例如：

1. 他是一个学生（He’s a student）
2. 他是一个在拉德堡德大学的学生（He’s a student at Radboud University）
3. 他是一个（He’s a）
4. 他是一个学生在（He’s a student at）

从表面看，很明显，1 和 2 是完整的，3 和 4 则不是。心理学家萨拉·博格尔斯（Sara Bögels）和弗朗西斯科·托雷拉运用这一观察，开展了一项以观察人在什么时候会被诱使认为轮换即将结束而实际上仍要继续的研究。这项研究表明，轮换结束的信号结合了语音的几个特点，也结合了话语的语法结构。博格尔斯和托雷拉只侧重于语法的研究显然是不够的。另外，人们总是认为 2 中说话人在说到“学生”一词时就结束了，从而导致了撒切尔夫人接受采访时那样的打断。

博格尔斯和托雷拉在采访中让人们提出设定好的问题（研究以荷兰语进行），其中一些是短句，例如：

短句类型：So you’re a student？

这样的问题只需简单回答“是”或“否”。从语法结构来看，这个问题在书面表达方式上是完整的。但如果我们听到这句话，自然是没有与问号相对应的语音提示来告诉我们这个问题已经问完。

下面是研究中的一个长句的例子：

长句类型：So you’re a student at Radboud University？

这个问题由实验者设计，有两个不同的点可以看出这个问句是完整的。第一个短问句的结尾是在student一词。第二句是结尾在University。长问句中的结束点并不是很明确，实际上，他可以在“So you’re a student？”时结束，也可以继续。但博格尔斯和托雷拉强调，句子的书面表达和口语表达是完全不同的。书面表达省略了口语表达中的大量信息，尤其是贝蒂和同事们对撒切尔夫人采访研究中所关注的音调、音量和音长等韵律特征。

博格尔斯和托雷拉对这两类问题回答的时间进行了测量和记录。虽然这两个问题里都有相同的部分：So you’re a student。但是他们发现，人们对相同词语的反应不同，这取决于词语是放在结尾（在短句中）还是说话人还在继续（在长句中）。当人们用“是”来回答短句时，他们的答案紧跟着问题的结尾，以至于被提问者在实际发生前已经能够预测出问题的结束点。下面的例子中，回答出现的位置表明了相对于问题的时机。

场景 1：

A：So you’re a student？

B：　　　　　　　　　　Yes。

当人们用“是”回答较长的句子时，他们也会在问题结束后快速回答：

场景 2：

A：So you’re a student at Radboud University？

B：　　　　　　　　　　　　　　　　　　Yes。

在长句中，交谈时人们从不会误以为在 student 一词结尾处就要回答“是”，下面是在没有任何意外干扰的情况下：

场景 3：

A：So you're a student at Radboud University？

B：　　　　　　　　Yes。

听者清楚地知道说话人在 student 后还要继续说，所以场景 3 没有发生。博格尔斯和托雷拉认为这一情况的发生归咎于“So you're a student”在长句和短句中的发音是不同的。短句中声音上的特征告诉听者句子在 student 这一词后结束。长句中的声音告诉听者句子并不会在 student 这个词结束。为了确认这一点，博格尔斯和托雷拉进行了包括对录音的分割和拼接的进一步实验，以验证他们的直觉是否正确。他们截取掉长句的第一部分“So you're a student”，然后替换为短句录音中的相同部分：

[So you're a student]（短句）[at Radboud University]（长句）？

他们播放两种不同版本的长句——原始版本和拼接版本，然后让人们在觉得句子结束的时候按下按钮。播放原始版本的长句时，没有一个人（30 人的样本）在 student 后按下按钮。

场景 4：（= 上面的场景 2）

A：So you're a student at Radboud University？

B：　　0%　　100%

但拼接版本呈现出了不一样的结果。[①]

场景 5：（= 上面的场景 3）

A：[So you're a student] [at Radboud University] ？

　　短句　　长句

B：　　32%　　68%

在场景 5 中，32% 的人判断错误，在说话人还在继续时认为已经结束了。这就证明了短句中的一些发声特征告诉人们句子在 student 一词后结束。因为如果完整性的信息来自语法结构，那么在场景 5 时发生的错误也会出现在场景 3。

博格尔斯和托雷拉想要弄明白导致这些区别的声音特

① 研究者认为，这可能是实验中句子太短造成的。这些句子缺乏先前的上下文，使实验中的听者很难按照通常的准确性做好准备。

征是什么。他们检测了问句中决定问题结尾发声特征的单词 student，如场景 1、场景 2。结果发现了两个明显区别（如图 2-4 所示）。一是音高的差异。在短句中，student 这个词的发音基本都在 360 赫兹以上，而在长句中这个词几乎都是在 360 赫兹以下。二是 student 这个词最后一个音节发音所用时间不同。在短句中，student 这个词出现在结尾处会拉长，而在长句中就会缩短。

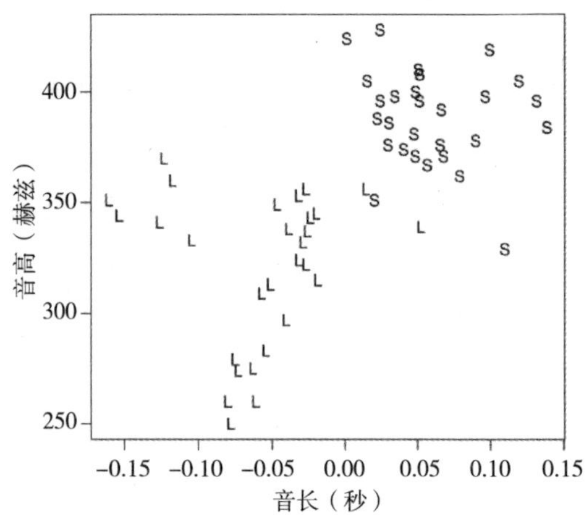

图 2-4　图中字母L和S分别代表的是单词student在不同类型句子中的音高和最后一个音节的音长。在短句（S）中，这个音节是问句的最后一个音节。而在长句（L）中，这个音节处于问句的中间。此音节在短句中的持续时长和音高都大于长句。

资料来源：Bögels and Torreira, 2015: 51.

这一研究证明了，交谈中听者能够在一定程度上预测出说话人将要结束的时间点。如果事先给出说话人即将结束的信号，下一个要说话的人就能利用可用的准备时间，在说话人逐渐结束的过程中组织和调整自己的语言。这样，在开始说话的时候就不会听上去像是打断了别人。

不同语言的交谈时机

支持人类系统在交谈互动中紧凑轮换的依据都来自欧洲语言。但因为人们来自世界的不同地方，说话的节奏也各不相同。

在斯堪的纳维亚半岛的偏远乡村，人们的语速非常慢。有一个关于芬兰南部农村地区哈姆人（Häme）的笑话。清晨，两兄弟去上班的路上。一个说："我就是在这儿把刀弄丢了。"晚上回到家时，另一个问："你刚才说你的刀？"

与此相似，人类学家卡尔·赖斯曼（Karl Reisman）描述了在瑞典北部接待来访者时的感受："我们会提供咖啡。沉默几分钟后，提议被接受了。我们试探性地提出一个问题，然后沉默，然后回答'是'或'否'。"而在其他一些地方，交谈的速度正好相反。在加勒比海的安提瓜岛，人们互相自由交谈，交谈方式是无序的。

环游世界的人凭着强烈的直觉认为这些看起来刻板的印象是事实，同时世界各地交谈的时机也是不同的。这些说法有一定道理，但事实表明这只是一小部分情况。我们对语言的直觉通常很强烈，但往往是错误的。科学研究工作要求我们对直觉持怀疑态度，而不是检验事实。

跨文化交谈风格的差异为我和我的同事提供了一个可研究的假设。在与语言学家塔尼娅·斯蒂弗斯（Tanya Stivers）、斯蒂芬·莱文森和其他团队合作进行的一项研究中，我们想系统地检验不同语言下交谈的时机究竟有多大差异。为此，团队成员前往世界各地实地考察，包括意大利、纳米比亚、墨西哥、老挝、丹麦、韩国、美国、荷兰、日本和巴布亚新几内亚等。团队中每个成员都曾花数年学习并研究当地的语言和文化习俗，可以说是当地语言和文化领域的专家。我们研究比较的语言有 Yélî Dnye（巴布亚新几内亚的语言）、泽套语（墨西哥高地的一种语言）、ǂĀkhoe Haiǁom（纳米比亚的一种语言）、老挝语、韩语、日语、意大利语、丹麦语、荷兰语和英语。

要回答交谈中如何组织反应时间这一看似简单的问题，

必须确保衡量是在具有可比性的文化中进行的。这首先意味着必须记录风格相似的对话。我们只关注在与家里或村子里彼此熟悉的人，比如邻居或者家庭成员间的交谈。如果选用正式交谈的数据，比如乡村会议、课程、仪式、医疗咨询或是法律诉讼，我们所要进行的研究就行不通。众所周知，这些较为正式的交谈会因为当地风俗习惯的不同而产生非常大的差异。例如，在乡村会议上，就会有谁可以说话以及什么时候说话的规定。因此，我们只关注在家庭中的自由交谈，这种互动交流方式最适合进行直接对比。

每个研究人员先是收集非正式互动的视频录像，录下一小时的交谈又快速又简单，毕竟，只需要一个小时。录像完成之后，真正的工作才刚刚开始。每个研究人员与每种语言的母语者一起逐句转录，并忠实地翻译每句话的内容。粗略的转录可以快速完成，但当这种语言不是你的母语时，速度就会慢得多。根据经验粗略估计，一分钟的交谈录音大概需要一个小时才能完成转录和翻译工作。因此一个小时的交谈需要进行一小时的视频录像和至少 60 个小时的转录。在我们看似简单的研究问题被验证前，每个研究人员投入了大量的时间和精力。

在每个研究人员抄录了足够的交谈，找到足够的例子后，我们就可以定义一个上下文并比较不同语言回应的时机了。我们专注于回答“是”或“否”的问题。因为这在所有语言中都存在，而且出现频率较高。比如“他是守门员吗？”“他去上班了吗？”“那把刀在那吗？”“你去过哥本哈根吗？”“我应该事先打印出来吗？”这样简单而随意的问题。研究中“是 / 否”问答的总样本约为 1 500 条。在每个样本中，我们测量了从问题结束到开始回答的时间。图 2-5 揭示了我们的发现。

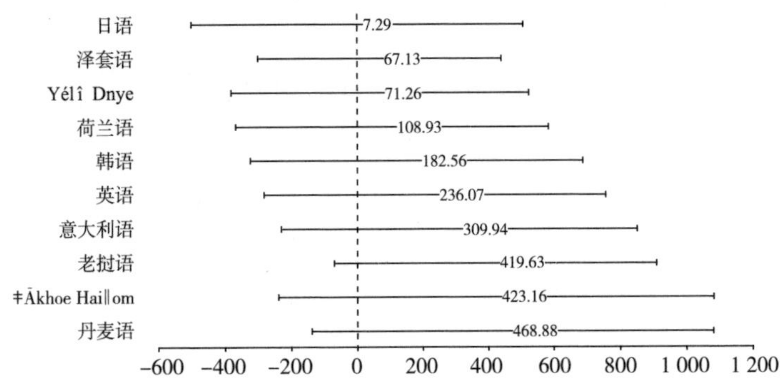

图 2-5　交谈轮换的平均时间（毫秒）（±1标准差）。所有10种语言的说话人平均间隔时间在500毫秒以内。然而，在整个样本中是一个从快到慢的连贯过程。

资料来源：Stivers, et al. 2009: 10589.

图 2-5 显示了在时间线上绘制的 10 种语言，零点以一条虚线表示问题与回答之间无间隔无重叠的点。我们可以看到

每种语言从问题结束到开始回答之间的平均毫秒。英语处于数值的中间，平均回应时间约为 236 毫秒。这个数值接近此项研究中所有语言“是 / 否”问题的平均回答速度（207 毫秒），也是交谈中说话人转变话题的平均回应时间。因此我们看到了一个非常稳定的模式。图中还展示了其他语言与英语的不同之处。从平均约 7 毫秒的日语回应时间，到丹麦语接近半秒的回应时间，这些语言沿着平滑斜线变化。

这似乎支持了斯堪的纳维亚人在交谈中反应迟缓的说法。确实，在我们的研究中，说丹麦语的人比说英语的人回答问题更慢，但并没有巨大的差异。说丹麦语的人平均回应速度比英语慢了不到 0.25 秒，这说明相比丹麦人说话的缓慢，人们对反应时间上的轻微延迟要敏感得多。实际上，就像说其他语言的人一样，丹麦人的语速也很快。交谈中，比预期慢了一秒就感觉过了一个世纪。我们觉得 0.25 秒的延迟已经很久是因为在我们的脑海里它被极度放大了，这就解释了在某些文化中的“缓慢”含有夸张成分。如同我们在下一章中会看到的那样，英语中半秒的反应就能听出应答者声音里的犹豫不决。

我们对不同语言交谈中反应时机的研究表明，不同语言对于什么是及时反应有着不同的参考标准。在 Yélî

Dnye 语中，及时回应意味着在 0.1 秒内做出回应，而在老挝语中超过 1/3 秒也是及时回应。虽然语言的校验标准不同，但当我们缩小范围，考虑人们在交谈中正在做的事时，却都能看到相似的东西。

在一个群体中，标准回应的中心围绕着从问题结束后半秒内的某个协商点，这个点因群体而异。多年来人们基于自身的能力和意愿，一直尝试针对及时回应找到一个共同的准确时间点，利用一系列的提示在说话中及时预测这些点。虽然我们已经看到不同语言会话机的校准差异，但我们将会看到，指导如何使用会话机系统的最重要的原则是普遍共享的。

当我们观察到一条人类行为中的普遍原则时，自然表明这个原则是基于物种进化而来的。那么公平起见，试问一下，其他物种是否也表现出了类似的行为。

研究人员把狨猴的交流方式称为轮流。狨猴会发出一种被称为“鸣叫”的远程联络方式。神经学家丹尼尔·高桥（Daniel Takahashi）和同事们发现，在彼此听力范围内的每一对狨猴会依次进入轮流行为：一只发出鸣叫，另一只等待结束，然后再发出随后的一声鸣叫，如此往复。图 2-6 显示了狨猴轮流鸣叫。

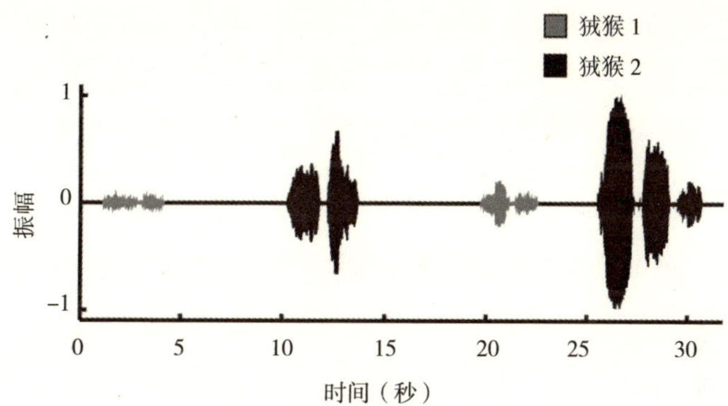

图 2-6　横轴表示时间（秒数）；纵轴表示振幅。灰色和黑色波形分别表示猕猴1和猕猴2的鸣叫。

资料来源：Takahashi, et al., 2003: 2163.

高桥和同事们认为，与人类在交谈中避免重叠相比，猕猴在类似人类的交流中的轮流行为有很大不同。其中一个明显的区别是时间间隔。对猕猴来说，间隔持续时间是 5 ～ 6 秒，大约是人类平均轮换时间的 25 倍。即使是感知单位与我们略有不同的猕猴（它们可能以不同的速度感知时间），这个时间差也确实像高桥说的那样，是个“等待期”。一只猕猴鸣叫了一声，另一只安静地等待，大约 5 秒后再叫回来。这个等待期与人类说话轮换的小间隔有很大的不同，没有认知能力预测是无法保持如此紧密的说话轮换间隔的。

会话机必须确保交谈轮换之间的时间最小。但说话人不一定会在固定的时刻开始轮换。会话机所做的不仅是把时间校准到某一个点，而且要定义一个时间窗口，让回应可以从这个窗口的各个点开始。这就为人们提供了进一步的挑战，让他们能够合理安排自己的轮换时间。就像我们将要了解的那样，说话人之间轮换的时间提示有一个内在的结构，其中包含回应早了、回应及时和回应晚了的微妙暗示。

HOW
WE
TALK

The inner workings of conversation

第3章

1秒提示窗口

会话机至关重要的作用是校准交谈时机与预测他人何时停止说话，这可以使人们在说话时保持最小的延迟。但仅仅因为我们具备及时反应的能力并不能完全解释为什么我们总是能快速回应。倘若人们想要插话，那么快速抓住停顿时间是十分必要的。毕竟停顿时间是有限和宝贵的。人们可能仅仅是为了杜绝任何想插话的人，所以他们说话的速度非常快，但这通常不在考虑范畴。多数交谈都发生在两人之间，提出一个问题时只有一个人需要回答。那么，为什么人们总是努力快速回应呢？

会话机的协作性

我们可以通过观察在交谈中延迟回应会发生什么来回答这个问题，例如：

> 1. A：他们这里有好厨师吗？
> 2.（1.7 秒的沉默）
> 3. A：没什么特别的？
> 4. B：不是。每个，每个厨师轮流的。

在第 1 条，A 问了一个是 / 否问题。通常情况下，问题结束后的平均 200 毫秒内，会有一个较长的沉默，而不是立即收到回应。B 没有回答。然后我们看 A 做了什么。A 没有重复问题，而是用另一种特别的方式强调了问题。第一次的问题措辞相对中立，偏向肯定答案“是”。调整措辞之后，第二次的问题转变了这一点，用否定句式提问，“不是”的回答就成了自然而然的。这次，A 立即得到了一个否定的回应。

这个例子第 2 条表明，延迟回应是一个信号，表示回答人对问题的偏向性很敏感并且选择不给出反驳偏向性的答案。这就解释了为什么 B 迟迟没有做出回应。反过来看，延迟可能说明 B 的答案将是“不”。A 重新措辞改变了问题的偏向性，使“不是”的答案成了优选回答。因此，B 可以毫不犹豫地回应。

下面是一个类似的案例：

> 1. A：顺路过来一下吧？
> 2.（沉默）
> 3. A：没有充足的时间？
> 4. B：没有，我正在这里做督导。

A 发出请求或者说是建议，让 B 顺路过来一下。B 在应该回应的第 2 条选择了沉默，没有回答。在这里，我们看到了与上一个例子类似的模式。就像 B 在第 2 条做的那样，保持沉默充分表明 B 不会说“是的”。A 猜测到了这一点，因此重新措辞，给了 B 一个更容易拒绝的问话方式，B 毫不拖延的回答表明他确实没时间过来。

这些例子表明了早期交谈分析人员，包括社会学家哈维·萨克斯和安妮塔·波梅兰茨（Anita Pomerantz）提出的交谈中的偏向概念。刚才所举的两个例子中一开始都没有回应，两种情况都可以解释为对方将给出非期待答案。第 1 个例子中，相比给出期待答案来说，是在是 / 否问题中回应“否”。第 2 个例子中，问题在偏向的选择是顺从的情况时拒绝请求。

参与交谈的双方被视作遵守既定的社会准则。延迟回应的一方可能希望弱化他们不服从的压力。而另一个人意识到这一点后，调整了他们提问的方式，以使回应人能够更容易地给出“否”的答案。这就表现出了会话机运作时的协作性。

上述例子中的第 2 条都没有回答，更准确地说是延迟回应太久。在这两种情况下，提出问题的人可以继续默默等待，但是他们选择继续说话，实际上 B 并没有机会停顿。

标准最长沉默时间

延迟回应经常发生，但没延迟多久第一个人就会失去耐心，或者认为被提问人压根儿就不准备回答。社会学家盖尔·杰斐逊在研究了上千个英语交谈中延迟和停顿的例子后指出，除了少数例外情况，除非交谈结束，否则人们不愿让沉默时间超过 1 秒。杰斐逊认为，1 秒是交谈中的标准最长沉默时间。

在第 2 章描述的对 10 种语言的研究中，我们发现在英语中从问题结束到开始回答的平均时间不到 1/4 秒。这种快速回应是说话人进行新一轮交谈的平均延迟时间。但这 200 多种回应间存在差异。经过比较发现，以 1/4 秒为平均回应时间，这些回应都存在正负半秒的标准差。有些回答来得非常快，实际上在问题结束前 1/4 秒左右就开始了，结果导致交谈中出现一段短暂的重叠。其他回答晚于平均水平，在问题结束后沉默了约 800 毫秒才开始。为了弄清楚这些延迟时间差异的原因，我们检测了每个回应，并根据不同类型进行分类。

当一个人提出是 / 否问题时，如果被问的人能够回答，他们可以在两种回应中选择一个，其中一个回应是给出一个答案“是”或“否”，直接回答提出的问题。如果 A 问“有约翰的信吗”，答案可能是“是”，也可能是“否”。回答这些问题有很多形式，例如“是”“嗯”“嗯哼”“哦”等。而另一种回应是不一定直接回答这个问题，而是以其他相关的方式来回应。典型的例子是传达信息，解释为什么 B 不能回答这个问题，比如“我不知道”或“我还没核实”。当我们对这两种回应进行时间计算时，我们发现回答（“是”或“否”）开始的平均时间比总的平均回应时间要早，大约在问题结束后 150 毫秒。而无答案回应开始的平均时间要更久，大约在问题结束后 650 毫秒，如图 3-1 所示。

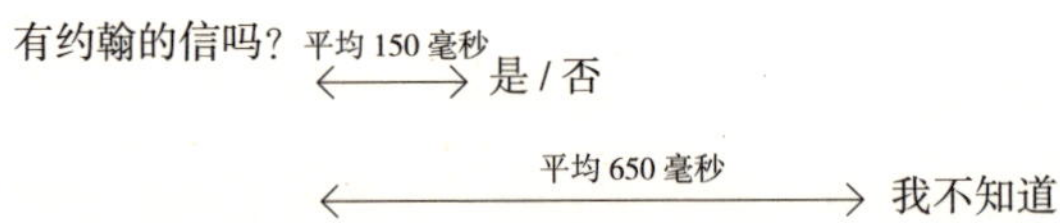

图 3-1 对比“回答”和“无答案的回应”，10种语言在回应“是/否”问题之前的平均延迟时间。

为什么无答案的回应延迟很久才开始，这里有两种可能的原因。第一种解释与认知加工有关，因为 B 正试图回答问题。假设一个人知道答案所花的时间少于不知道答案所花的时间，那么长时间不回应是必然的结果。第二种解释与信号有关。根据这个解释，如果一个人不能在问题后给出答案，他们会故意拖延，作为表达犹豫不决意思的信号。

就偏向的概念来说，这种信号是有动机的。假如提问者在寻求答案，那么除了给出答案，任何回应都不是提问者想要的。如果会话机督促我们在社交互动中保持协作，就应该避免无答案的回应。就像上面的例子一样，在开始回应前加入一段延迟似乎违背了问题的偏向。但与上述例子不同的是，延迟没有超过 1 秒的标准最长沉默时间。被问者在 1 秒的延迟提示中给出了负责任的回应，但也留下了足够的空白表明将要说的不是所期待的答案。

当我们在回应中放大所提供的答案时，再次发现两种类型之间的时间差异。我们将所有答案分为“是”和“否”两种情况。“是”的答案平均延迟仅 35 毫秒，而“否”的回答虽然速度也很快，却花费了近两倍的时间（如图 3-2 所示）。

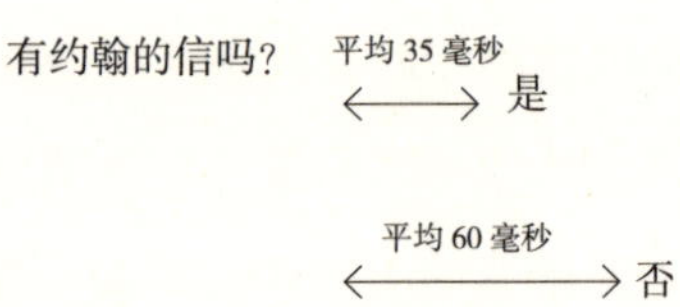

图 3-2 对比“积极答案”和“消极答案”，10种语言在回应“是/否”问题之前的平均延迟时间。

同样，有两种可能的解释。从认知加工的角度解释，与确定答案为“否”相比，确定答案为“是”所需的时间更少。这被称为“快速肯定效应”。在实验心理学所谓的快速肯定效应中，是有证据证明这一点的。在一个简单的实验中，人们同时看到左右两个色块。他们被要求尽快按下面前的两个按钮，一个按钮表示颜色相同，另一个按钮表示颜色不同。结果发现，当颜色相同时，人们能更快地对颜色做出准确反应。在简单的颜色维度中，判断“相同”是在平均看到刺激物400 毫秒内得出的，而判断“不同”比“相同”要长 100 毫秒。如果“相同”和“是”在肯定框架概念中存在联系，那么从认知角度来看，这一效应可能就解释了为什么交谈时人们回答“是”的速度更快。

对快速肯定效应信号的解释指向了另一种不同的机制。这一解释符合普遍假设，就是相比“否”的答案，人们更喜欢“是”的答案。因此，如果一个人要回答“否”，那么延迟回应就是个好方式。我们在之前的例子中就看到了相同原因的延迟回应，“否”很可能就是提问者不想听到的答案。

社会学家塔尼娅·斯蒂弗斯在一项关于美式英语极性问题的研究中发现，在二选一的是 / 否问题中收到的所有答案，有近 3/4 的答案为“是”（或者类似的回答，比如“嗯哼”、点头等）。斯蒂弗斯预测的结果为“是”和“否”平均分布，但统计数据出人意料。这里有两种可能都基于人们更喜欢说“是”的解释。

“是”的答案比“否”的答案更常见的一种解释是，人们如此喜欢说“是”，以至于有时候虽然他们想说的是“否”也会说成“是”。但用这种原因解释“是”比“否”多出 2 倍的事实，显然无法令人信服。另一种更合理的解释是提问者的行为。如果提问者预料到人们不喜欢说“否”，那么他们会尽量避免问那些可能会收到“否”的问题。人们可以选择用反问句来提问，这样就可能得到“是”的答案。假设 A 问 B“这部电影好吗？”，这个看似中立的问题，实际偏向于“是”的答案。如果 B 看完电影时脸上带着懊恼的表情，那么 A 很可能会采用其他方式发问：“这部电影糟透了吗？”结果依然会得到偏向“是”的答案。

认知加工造成的延迟

我们已经看到交谈回应时两种解释的时间差异。其中的延迟是因为认知加工需要花费时间去处理某些任务。认知加工造成的延迟不一定表示有任何形式的不情愿。例如：

Q：斯坦利杯是哪项运动的奖项?

（1.4 秒的沉默）

A：冰球。

很明显，延迟回应是因为这个人在回忆到底是哪项运动。我们很难判断这个人就是故意拖延，从而发出不愿给出具体答案的信号。

然而，可以说由认知加工造成的延迟是有意义的，就像猛兽露出牙齿意味着它可能会咬人一样。露出牙齿是咬人的必要前提，所以当我们看到猛兽露出牙齿时，可以认为即将发生咬人行为。达尔文在 1872 年出版的《人与动物的情感表达》（*The Expression of the Emotions in Man and Animals*）一书中，描述了在动物行为中这种意义是如何被仪式化的。曾经，露出牙齿的行为或许简单地与即将发生咬人行为联系起来，就像乌云密布与可能即将到来的暴雨有关。但随后这样的行为就被仪式化了。在即使没有真正咬人意图的情况下，动物也可以通过学会露出牙齿，来有意来表现自己处于攻击的状态，其他动物可以通过这种方式来理解这种行为。

延迟回应也是类似的。有时，延迟是由直接处理回应中一个直接问题造成的。在冰球的例子中，延迟说明回答人出现了记忆困难。一旦建立起这种联系，人们就可以有意地控制他们回应的时间，就算不是真的很难回答，也可以发出“我很难说出我想说的话”的信号。就像动物露出牙齿一样，一旦仪式化，信号会与最初潜在的原因脱离。在这种策略下，并不是因为产生什么问题而需要延迟回应。通过仪式化，延迟回应可以成为一种微妙的、能够控制的、表达不情愿的信号。

语言学家费丽西娅·罗伯茨（Felicia Rokerts）和亚历山大·弗朗西斯（Alexander Francis）的一项研究很好地证明了，这种处理和对延迟回应的信号解释之间的相互作用。在一项实验中，人们听到以简单请求结尾的短对话，比如问“你能载我一程吗”，对方回答“当然”，但实验者改变了听到“当然”这个词的时间。听者被要求对回答人是否愿意答应这一请求做出判断。若“当然”这个词发生在交谈中的平均轮换点，也就是大约200毫秒时，人们大概率认为回答人愿意满足这一请求。

但是任何情况下，若“当然”这一回答拖延到 1 秒之后，人们就会判断对方不是很愿意。对于普通人来说，这一发现并不奇怪，因为我们通常都对请求延迟批准很敏感。但罗伯茨和弗朗西斯从研究中得到了一个揭示延迟回应意义的特别结论。他们发现，如果是在请求结束后的 100 ～ 500 毫秒延迟回应“当然”，人们认为答应这个请求的意愿程度是相当的。但是，如果相同的回应被推迟了半秒以上，人们就会认为对方似乎不太愿意答应请求。

这表明，尽管延迟的时间长度和不愿意程度直接相关，但轮换后的 1 秒并不是平滑的梯度变化。相反，人们对 1 秒延迟提示不同区域的变化有不同的反应。罗伯茨和弗朗西斯表示，人们对前半部分时间变化的解读要比后半部分少（如图 3-3 所示）。

如果 300 毫秒的差异出现在回应时间的前半秒内，则不太可能被解释为社交信号。但是，如果稍后又出现了同样的时间差，造成的延迟为 500 ～ 800 毫秒，就会在解释交谈时产生影响（如图 3-4 所示）。正如罗伯茨和弗朗西斯所说，600 毫秒的标记是“社会贡献出现的时间点”。

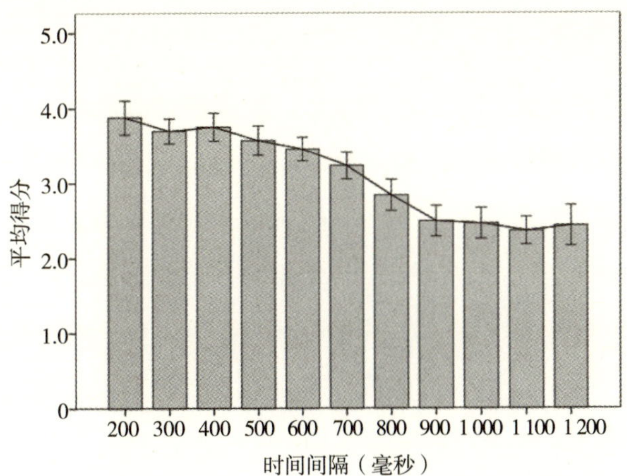

图 3-3　根据提出请求与得到肯定回答之间的沉默时间间隔，听者判断“愿意”答应请求的概率。判断标准从0（表示“不愿意”）到5（表示“非常愿意”）。黑线连接的是平均值，表示决策曲线的斜率，误差条表示平均值的标准误差。

资料来源：Roberts and Francis, 2013: 475.

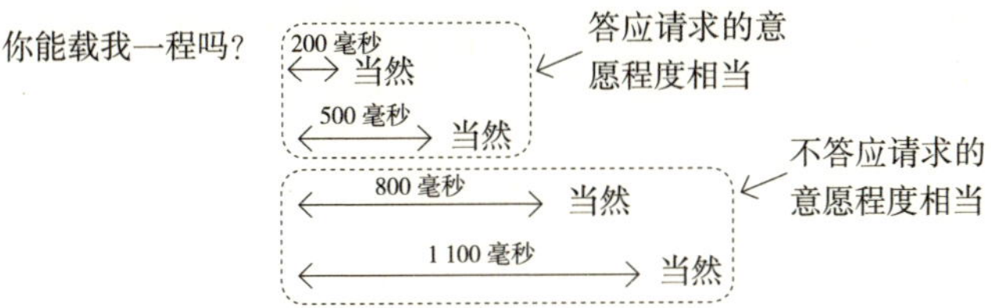

图 3-4　请求发出后，延迟回应比较。

资料来源：Roberts and Francis, 2013.

1 秒提示窗口

1 秒提示窗口有自己的结构。前半部分和后半部分具有不同性质的较短时间区域。我们可以把前半部分叫作及时区。正如我们所看到的，这是大部分说话人在交谈中进行轮换的区域。如果轮换发生在 1 秒提示窗口的前半部分，听起来就很自然。1 秒提示窗口的后半部分叫作延迟区。如果轮换发生在这一区域，往往听起来回应很晚，更带有不愿意或者不想做的暗示。

人们对 1 秒提示窗口前后两个部分延迟的敏感程度不同，原因与延迟处理和延迟信号有关。交谈时，人们需要在时间压力下处理大量的信息，进行推理、规划、集中发言并进行手势动作。这些处理运行较快，但也需要时间。这就给 1 秒提示窗口的前半部分带来了较大的压力。在临近一个人说话结束的及时区（或轮换区），回应者缺乏灵活调节或控制回应时间的机会。这是因为，他们在组织答案（寻找词汇组织语言等）时，可能还没有完全解决一系列处理任务。同样，他们可能受到各种自动处理过程的干扰，例如，与其他人的肢体节奏协调，或是与预测和计时有关的类似心理过程。如果是这样的话，那么 1 秒提示窗口前半部分的时间变动就不太可能是人为意愿或者人为控制导致的。与其说是传达信息的信号，更像是透露说话者个人信息的征兆。

相比之下，1秒提示窗口的后半部分是一个让人们能够解决许多需要处理的事情，释放更多资源去更好地控制自身语言的区域。因此，如果在这个延迟区中有一个小的时间差，那么很可能是因为回应者本身希望这里有一个延迟。当一个人有更多的控制行为时，我们自然能够更多地解读他们的行为意图。随着1秒提示时间的逐渐流逝，解决问题不太可能再是延迟回应的原因。因此，任何延迟都更易被理解为说话人的有意为之。这就解释了为什么罗伯茨和弗朗西斯发现在1秒钟提示窗口后半部分的延迟更可能表达一种不情愿的信号。

当一个人要做出不情愿的回答时，例如一个否定回答或拒绝邀请及请求，他们通常不会像罗伯茨和弗朗西斯的实验中那样，以沉默来延迟回应，而是用各种内容填充，推迟真正交谈内容的开始。例如：

> A：如果你今早愿意过来探望我一下，我会请你喝杯咖啡。
> B：（咳嗽）（呼吸）（停顿）好吧，你真是太贴心了，但我觉得我可能去不了（呼吸一下），嗯（停顿），我在报纸上登了个广告，呃，我得守着电话。

A 提出了一个热情的邀请。B 打算说“不”，但相比直接说出来和保持沉默，B 采用的是其他拖延和委婉的策略：先是咳嗽，然后微微喘口气，停顿下再加上“好吧”，以及一些赞美行为（“你真是太贴心了”），最后话锋骤转“我觉得我可能去不了”。接着她解释了不能接受邀请的具体原因。这个例子显示了延迟不受欢迎。

期待答案与非期待答案

语言学家科宾·肯德里克（Kobin Kendrick）和弗朗西斯科·托雷拉在一项关于不受欢迎的回应时间的研究中，收集了近 200 个英语电话交谈中的请求、提议、邀请和建议。他们把这些例子分成两组，一组是期待答案，另一组是非期待答案。例如一个相关的提议或建议，“你不能在教师中做点儿广告吗”，期待答案是立即表示赞同，非期待答案就是拒绝，并不全心全意或是不表态的同意。

在非期待答案中，在回应开始前介入的不仅是沉默。肯德里克和托雷拉确定了不同的元素，这些元素可以将回应与所回应的对象隔开，参考图 3-5 所示的 4 条垂直线：第 1 条表示第一个人说完；第 2 条表示回应人能听到的部分，包括呼吸；第 3 条表示回应的第一个语言部分，包括感叹词，比如“呃（um）”“好啦（well）”。

图 3-5　在请求和不情愿回复之间进行干预的一些内容。
资料来源：Kendrick and Torreira, 2015: 12.

第 4 条是合适回应的开始。肯德里克和托雷拉能够通过及时定位这些点，根据衡量延迟的三种不同标准，完善我们对于延迟回应方式的理解，标准从第一个人说完话开始衡量：标准一，开始回应之前的沉默时间；标准二，回应人第一个“感叹词”之前的时间；标准三，首个与回应内容相关的词出口前的时间。

肯德里克和托雷拉测量开始回应前的纯沉默持续时间时，发现在 1 秒提示窗口的前半部分，期待答案与非期待答案在及时区大致同时出现（750 毫秒之后），在延迟区，非期待的回应更频繁。他们发现，实际上非期待答案第一个可听到部分的平均沉默时间比期待答案的情况稍微短暂一些。这点非常重要：在接近一半的非期待答案中，第一个声音根本不是具体的词，而是呼吸或是“嘘”“啧”这样的声音。相比之下，期待答案大多不从这些无词声音开始（只有 17% 从这些声音开始）。因此，非期待答案平均沉默时间稍短的原因是，人们用非词汇的内容开始会更快，但这也就意味着即将得到的是一个非期待答案。

因为许多非期待答案是从吸气开始，平均来看，非期待答案的第一个具体词汇比期待答案的第一个词汇来得晚。同样，在大约700毫秒之后，得到非期待答案所占的比例会更高。但非期待答案平均比期待答案开始得早一些，这是因为非期待答案往往从一些语气词，比如“um”和“well”开头，但这些词没有传达任何与回答内容相关的具体信息。

在开始回应实际内容之前的时间对期待答案与非期待答案进行比较时（剔除所有呼吸和语气词），我们就能看到期待答案和非期待答案在回应时间上的真正区别。有一半的非期待答案是在500毫秒后的延迟区进行，而只有20%的期待答案在延迟区发生。尽管大多数回应都发生在1秒内，但这两种类型的回应方式是不同的。非期待答案，开头一般都是带着“um”这样的缓冲，有效地延迟了所有“坏”消息。非期待答案出现最多的是在延迟区600毫秒的地方，也就是罗伯茨和弗朗西斯所定义的“社会贡献出现的时间点”。

在这种基本信号系统里，非期待答案来得稍慢，人们展示出操控这个系统以获得特殊效果的能力。肯德里克和托雷拉发现，正常的接受来得很快，但正常的拒绝则会延迟，人们可以利用这些期望来传达交谈中的细微差异：

> A：星期天可以吗?
>
> (大约600毫秒的沉默。)
>
> B：呃，据我所知，可以?

尽管从意思上来看B接受了星期天的提议，但B的反应有非期待答案的一个特点：停顿超过了半秒，然后在“呃”之后才回答“可以”。这些特征符合有条件接受的事实，从加了句“据我所知”可以看出，这是一种潜在的免责声明。因此这不是直接接受，而是一种包装过的勉强接受。

还有一种可能的特殊信号是用常规接受的说法表达拒绝，就是没有任何缓冲的快速回应。我们先来看看如何传达常规接受：

> A：所以，呃，我们在想，如果试一试呢?你怎么想?
>
> (100毫秒的沉默)
>
> B：好棒的主意!

下面的例子有相同的回应时间，但表达的是拒绝：

A：哦，今晚是狂欢节！
B：是的。
A：你想去吗？
（100 毫秒的沉默）
B：不，（300 毫秒的停顿）我太累了，马克。

这不是常规的拒绝，而是一种委婉的拒绝。部分原因在于，回应的消极内容出现得非常快，处在 1 秒提示窗口非常靠前的区域，这与通常拒绝时的明显延迟状态形成了鲜明对比。通过探究这种区别，人们能够清楚地判断回应人是否掩饰了自己的反应。

在英语中，是 / 否问题有着明显的特征。与其他类型的回应相比，这类问题得到回应的延迟更短。答案往往都在 1 秒提示窗口的及时区。非答案的回应会延迟到延迟区，平均延迟约 650 毫秒。因为我们的跨文化研究着力于人们如何回应这种比较大的对比项目上，所以我们可以将英语中的发现与其他语言进行对比，看一看这种模式是英语特有的还是其他语言也是如此。

当我们把之前提到的10种语言对话中的所有问题归类为答案和其他（例如，“我不知道”或“问别人去”）时，一个清晰的模式出现了：答案比非答案来得更快。这一模式在10种语言中都很突出，如图3-6所示。

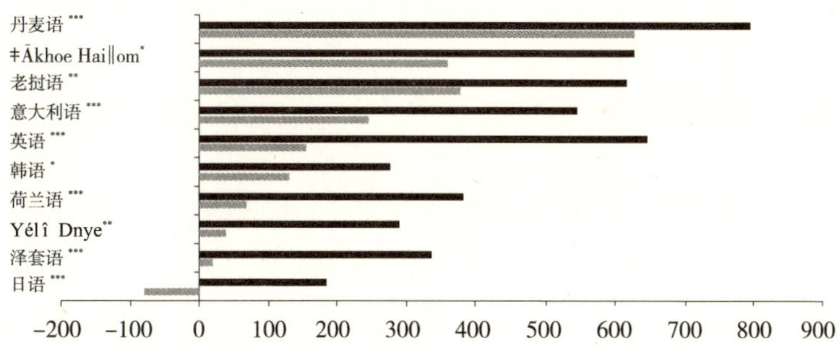

图3-6　10种语言答案（灰色）和非答案（黑色）的平均轮换时间。所有语言的说话人平均给出答案的速度比给出非答案的回应要快。

资料来源：Stivers, et al. 2009: 10589.

从图3-6中可以看出，在这10种语言中，我们将是/否问题的所有回应分为两组，答案（是、否或类似的回应）和非答案（任何其他相关答复），答案的延迟要短得多。例如，墨西哥高地的土著玛雅语，回应的平均速度就很快，问完问题后答案几乎是零延迟出现，而非答案回应平均延迟约350毫秒。在纳米比亚的土著语中，回应的平均时间约350毫秒左右，而非答案回应要延迟大约300毫秒。

相同的模式重复出现在不同的语言中。答案的延迟要比非答案的延迟短。不过，必须指出的一点是，这一原则是与内容相关联的。正如交谈中说话人语言转换的主要参照点不同，答案和非答案回应的绝对时间也是不同的。在上面提到的例子中，土著玛雅语中的延迟回应与纳米比亚的土著语中的及时回应大致相同，但对于语言的局部校准参考点来说，同样的延迟原则仍旧适用。

费丽西娅·罗伯茨和同事进行了一项比较研究来检验之前的发现，即英语中的延迟回应是否可以被理解为不愿意。他们进行了和之前相同的实验，在回答“当然”前，控制延迟时间，这次采用 3 种语言：美国英语、日语和意大利语。他们发现这 3 个语言组对明显的延迟有相同的回应。如果一个请求得到“当然”的回应，控制回应时间会造成不同语言之间的相同解释。快速回应将被视为更愿意，而延迟回应则被视为不太愿意。

虽然延迟效应与所说的语言或说话人的文化无关，但罗伯茨指出，在不同的文化中，延迟的意义可能有着微妙差异。他们比较了说意大利语的人和说日语的人，发现说意大利语的人对 1 秒提示窗口的前半部分延迟会稍微敏感，而说日语的人对后半部分的延迟略敏感一些。

在如何安排交谈转换的时间上，出色的细节揭示了会话机的核心功能之一：它定义了一个 1 秒提示窗口，并解剖了其中的结构，将其划分成具有特定意义的区域。这些意义来自心理产物或语言处理的征兆，现在人们能够通过控制时间传递包装回应的社会信号。通过观察人们如何给出非期待答案的例子，我们不仅知道了交谈时的瞬间回应，也看到了各种声音和感叹，比如“好啦”和“嗯”，在包装和推迟交谈的某些回应中也起着作用。仔细研究交谈就会发现，这些微小的词并不是毫无意义的。正如我们将要看到的，这些都是带有意义的微妙信号，它们调节着交谈的秩序。

HOW WE TALK

The inner workings of conversation

第 4 章

交谈秩序的信号

在任何通信中，都有一方（发送信息者）进行生产，另一方（信息接收者）进行感知或理解。会话机的运行直接连接了这两个行为。在书面语中，读者不能亲眼看见行为的发生。如果我在写文章时犯了一个错误，或是中间改变了想说的话或者说话方式，我可以在最终定稿之前再编辑，你看不出我修改了哪些单词或内容。在阅读书面内容时，我们通常省去了语言产生过程中的迂回曲折。

但交谈不同。交谈时，说话人会实时地挑选词语，并快速地组成句子。说话人在选词、发音和内容上会不可避免地出现一些问题。交谈是没有剧本的，我们不知道谁会说什么，以及什么时候说。这就要求我们需要不断地利用小的信号来规范交谈的秩序。

心理学家赫伯特·克拉克（Herbert Clark）和让·福克斯·特里（Jean Fox Tree）用下面的例子说明了这一点。这是从“伦敦－隆德英语口语语料库”中整理出来的一个书面版本的句子：

> Well, Mallet said he felt it would be a good thing if Oscar went.
>
> 嗯，马利特说如果奥斯卡能去是件好事。

然而实际上原始句子是这样的：

> Well, (pause) I mean this (pause) uh, Mallet said Mallet was uh said something about uh you know he felt it would be a good thing if uh (pause) if Oscar went.
>
> 嗯，（停顿）我的意思是这个（停顿）呃，马利特说，马利特，呃，是说，呃，你知道的，如果，呃（停顿）如果奥斯卡去了，将是件好事。

克拉克和特里解释了说话人“增加表现”造成的迂回曲折：说话人先是朝着一个方向（“Mallett said… something about”），然后又转向了另一个方向（“he felt it”）。他替换了短语（用“Mallet was”替换“Mallet said”），做了澄清（用“I mean”和“you know”作为标志），重复词语（“if”“if”），并且增加了延迟（停顿与“uh”）。

在语言学研究中，诺姆·乔姆斯基代表了一种普遍的观点，也就是这些自发表现的不完整和混乱迹象与语言无关，所以大可忽略。但一些研究人员发现这些表现其实很有趣，因为这揭示出人们是如何处理语言的。正如克拉克和特里所言，这才是“语言的真正部分”，可以用来调节交谈的秩序，告诉我们什么时候要等、为什么要等，以及要等多久。克拉克和特里选取了一个非常好的点来研究这个问题。他们选取了最简单、最频繁，也可能是最遭人诟病的一个微小信号“um”以及相似词语“uh”。

um 与 uh 的信号作用

威廉·莱维特在对人们如何实时组织语言的心理过程的开创性研究中，进行过一些实验。实验中要求人们看由不同颜色的点组成线的简单地图，然后口头描述这些路线。为了描述这些路线，人们不断地给带着颜色的点贴上标签，结果常常导致用词错误。当一个点实际上是粉红色的时候，人们可能会把它称为“棕色”。大约一半情况下，说话人甚至都没发现错误，更不要说去纠正错误了。但当他们需要去纠正错误时，则会机械性地使用“um”和“uh”来表达，这里有两个例子：

首先一个棕——呃（uh），一个黄色的和一个绿色的圆盘。

从绿色向左到粉色，呃（uh），从蓝色向左到粉色。

第一个例子中，说话人准备说“棕色”，但停下换成“黄色”。当他们准备纠正时，是从“uh”开始的。第二个例子中，说话人本来进行了一段完整表达“从绿色向左到粉色”，但后来插入“uh”，然后用“蓝色”替代“绿色”。这里“uh”的作用是什么呢？

很明显，“um”和“uh”与正在说的问题有关。它们只是语言产生内部问题的一种无意识的反应。莱维特认可这种观点，称它们为“征兆”。另一个不同的观点是，“um”和“uh”的背后是有刻意信息的。社会学家欧文·戈夫曼（Erving Goffman）提出，人们用这些词向其他人暗示：他们此刻正忙着组织和表达自己的想法。发出这种信号的动机是向听者传达：尽管停顿或缺乏流畅表达，但此刻讨论的问题即将被解决。

“um”和“uh”在说话不流利或出现问题的情况下出现，但克拉克和特里发现了这两种情形的一个重要区别。在对伦敦-隆德英语口语语料库的研究中，他们剥离出近4 000个“um”和“uh”的例子，并测量了恢复流利交流之前的时间。

结果发现，如果说话人使用“um”来标记延迟的话，时间会比用“uh”更长。如果使用“uh”，恢复流利交流之前的延迟大约是0.25秒，如果使用“um”，延迟则接近0.75秒（如图4-1所示）。

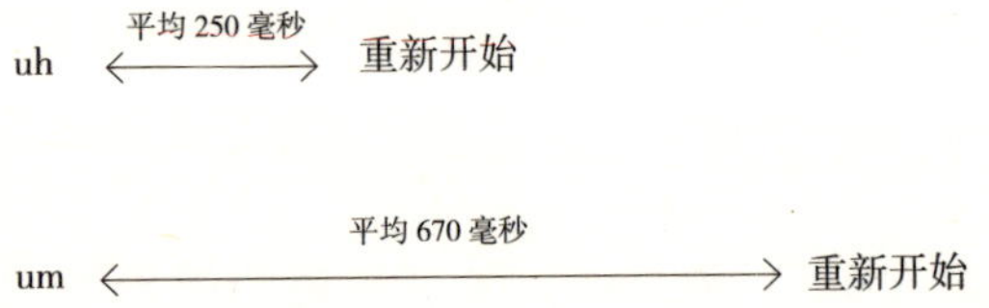

uh ⟷ 平均250毫秒 重新开始

um ⟷ 平均670毫秒 重新开始

图 4-1 对比使用“um”和“uh”后重新开始说话的平均延迟时间。
资料来源：Clark and Fox Tree, 2002.

克拉克和特里总结并定义了这两个词的含义：

> um = 提示将会出现比较严重的延迟
> uh = 提示将会出现相对轻微的延迟

人们可能会认为，这些结果只是揭示了英语中的一点儿“小怪癖”，但事实并非如此。英语中使用“um”和“uh”为说英语的人提供了一种特有方式，来暗示接下来会出现什么样的延迟。“um”和“uh”所暗示的延迟，经常是由处理问题引起的——回忆词汇或名字、整理想法、试图预测别人的解释等，但当人们使用这些词时，并不总是真的需要处理问题。就像任何仪式化的交流一样，这些词也可以用于其他目的。正如伊曼纽尔·谢格洛夫所说，“um”和“uh”的某些用法与处理问题无关。

“um”和“uh”的其中一种用法是，在轮换的时候表示非期待答案。在第 3 章中，我们看到非期待答案通常都会延迟，造成这种延迟的原因不只是插入停顿，还有在开始轮换时使用包括“um”和“uh”这样可听到的词。例如（“uh”用下画线标识）：

斯坦：你在新地址登记了吗?

乔伊斯：没有。

斯坦：你想在那里登记吗? 哦，在 9 点 25 分，哦——

乔伊斯：不，因为我可能会在 6 月份搬家。

斯坦：好吧，是的，很好。

乔伊斯：你知道，然后我就不得不——

斯坦：社区关系或者其他类似的有什么变化吗?

乔伊斯：Uh，现在不行。我什么时候必须告诉你?

在对话的最后一行，乔伊斯以看似拒绝的方式回答了斯坦的问题。“uh”的出现预示着延迟回应非期待答案。再来看下面这个例子：

迈克：有时也在那工作的是他的妻子吗?

莎：Uh，不，不是。是另一个女孩。

这是一个直截了当的、非期待答案的例子：是 / 否问题的“否”，通过插入明确的信号“uh”来延迟。

谢格洛夫还给出了其他类型的例子，也都是以“um”或“uh”开头。到目前为止，我们在这本书中所看到的非期待轮换主要还都是对问题的回应。他们会对别人在交谈中的请求做出回应，但往往是非期待答案，因为他们在某种程度上不能满足对方的要求。在交谈中还有一种非期待的行为是另起一条新线，也就是开启一个新的话题，尤其是意味着在对另一方施压的情况下。看一下下面例子中的第 4 条：

1. 斯坦：好吧，这就是我今天想跟你说的全部。

2. 乔伊斯：好的，斯坦。

3. 斯坦：你也没事了吧?

4. 乔伊斯：是啊（停顿），um（停顿），你周六下午晚一点儿的时候想做什么？（斯坦描述他打算如何联系一个朋友）

5. 斯坦：怎么了，发生了什么？

6. 乔伊斯：因为我要去圣地亚哥，我准备飞过去。所以我需要有人送我去机场。

在这个例子的第 4 条里，乔伊斯在交谈过程中为了能够引出搭乘斯坦便车的请求开启了一个新的话题。这是一种强加，解释了乔伊斯第一步的目的是确认斯坦是否可以帮助她搭便车。事实上，乔伊斯可能在处理请求时遇到了一些内部问题，比如她可能在斟酌如何更好地表达她的请求。随后，她选择了可用的标记“um”作为延迟，但这并不是随便选的，用这个词来标记延迟非期待的行为是个非常好的选择，因为这明显表示说话人有麻烦。

但无论如何，这都是在克拉克和特里的定义内的拓展。正如他们用延迟来描述，而不用麻烦本身，虽然麻烦是导致延迟的一个常见原因。这两种理论都暗示“um”和“uh”与延迟有关，区别在于延迟是处理问题时不可避免的结果，是作为故意插入的信号。

出现“um”和“uh”的最后一种情形就是引出打电话的原因，下面是一个在 26 秒内结束的完整电话交谈：

苏珊：喂?

马西娅：喂，是苏珊吗?

苏珊：是的，是我。

马西娅：嗨，我是马西娅。

苏珊：马西娅，最近好吗?

马西娅：挺好，你呢?

苏珊：挺好的。

马西娅：Um，我们拿到票了。

苏珊：哦，好的。

马西娅：我们把票放进信封里，上面写着每个人的名字，还在布告牌上挂了一个大的马尼拉信封。

苏珊：哦，太好了。

马西娅：我们会把它们送过去，明天中午之前就能到。

苏珊：好的，听起来不错。

马西娅：好的?

苏珊：好的，非常感谢。

马西娅：好，再见。

苏珊：再见。

（通话结束）

当马西娅说“Um，我们拿到票了。”没有依据表明她想说的话有任何困难，而这显然也不是一种不情愿的举动。她打电话的原因仅仅是为了传递一条信息。

再来看另一个例子。通过开一些小玩笑（因为打电话，所以他们不能实际看到对方），盖伊找到了他打电话的原因。信号是“uh”：

约翰：喂?

盖伊：约翰?

约翰：是啊。

盖伊：我是盖伊·德特韦勒。

约翰：嗨，盖伊，你最近怎么样?

盖伊：很好。

约翰：你看起来不错。

盖伊：你也是啊！太好了，你脸上一定是笑容灿烂。

约翰：是的。

盖伊：嘿，uh，我的女婿来了，我想我们今天下午或者明天可以去一起打高尔夫，你来吗?

约翰：那就今天下午吧，我不想等到明天了。

即便是在紧急的电话中，尽管有比较紧急的大信息量情况，但电话还是有理由以“um”和“uh”开场。

分机：这里是分机。

来电人：Uh，派一辆救护车到渡口街 15 号，一个孩子被车撞了。

分机：这里是分机。

来电人：Uh，请派一队急救组到东士墩街 1461 号。

分机：这里是分机。

来电人：Uh，你能呃，去，呃，百老汇 1125 号吗?

谢格洛夫认为，这些“uh”和“um”的出现并不意味着麻烦本身，而是简单标明说话人为现在要打的电话提供原因。这一点在谢格洛夫的例子中尤为突出：

（闲聊了一会儿）

艾伦：好吧，我打电话的原因——我看起来奇怪，背后是有原因的。

玛丽：啊哈。

艾伦：Uh，下周六晚上我们为凯文准备了一个惊喜派对，你愿意来帮忙吗?

玛丽：噢，真的吗？！

艾伦：是的！

这里出现的“uh”并不一定意味着说话人有任何实际的回应困难。谢格洛夫指出，在这里，“uh”作为非期待答案的一部分，有助于延迟回应。每个打电话的人都接收到一个与处理问题相关的信号，并把它作为实现特定交际目的的工具。

“um”和“uh”在使用上还存在性别和年龄的差异。语言学家马克·利伯曼（Mark Liberman）通过查阅大量的英语口语语料库对这个问题进行了研究。他从近 12 000 位不同的交谈对象中抽取了 2 300 万个英语单词，并统计出人们说“um”和“uh”的频率。

利伯曼发现，虽然所有人都会经常使用这些词，但男性使用这些词的次数比女性要多。在男性的发言中，每 50 个词中就有一个是“um”或“uh”。而对于女性来说，每 70 个单词中才有一个。利伯曼仔细观察了“um”与“uh”的用法区别，结果发现女性使用“um”的频率比男性高。对女性来说，每 100 个词就有一个“um”，而男性使用“um”的频率略小。但男性使用“uh”的频率比女性高，男性大约每 80 个词会说一个“uh”，女性平均说超过 200 多个单词，才有一个“uh”。

利伯曼通过观察不同性别的说话人使用这些词的不同频率，得出了一些有趣的可能推论。其中一种可能是，在回答认知问题方面，男性比女性更常出现轻微的延迟。不过请记住，“um”和“uh”之类的词不仅是认知混乱的征兆，还可以有目的地表明有理由延迟。这表示“尽管我延迟了，但因为我还没结束，请不要发言”。因此，在这方面男性和女性的另一个可能的区别是，男性一旦发现这个机制，就会更想用这种方式来控制节奏。有趣的是，如果男人试图利用这个机制来控制节奏，他们会选择“uh”而不是“um”。再来看看克拉克和特里的发现，“um”往往预示着较长时间的延迟，而“uh”则是较短的延迟。然而我们还是不清楚，为什么男性会比女性更为频繁地使用“较短延迟”的信号，这是一个有待进一步研究的问题。

虽然大部分人认为“uh”和“um”只是用于处理语言内部问题的征兆，但也有些人认为它们是具有明确意义的完全成熟的词。一个有力的证据可以支持“uh”和“um”是英语中的两个单词，那就是这两个词事实上并没有出现在所有语言中。如果它们确实是人类认知加工过程中交谈延迟所产生的语言征兆，就像瞳孔的异常扩张可能是脑损伤的症状一样，那么不管你说什么语言，它们都应该以相同或类似的形式出现。

没有一种语言的使用者在说话中不会遇到问题和延迟，但很多语言使用“uh”和“um”以外的声音来表示延迟。这里举一个老挝语的例子。在老挝，当表示说话延迟的时候，人们不使用“um”或“uh”，而是使用“un”（与英语单词“under”中的“un”同韵）。这表明，这些词并不是从人们嘴里自然冒出来的，人们必须在所说语言的交谈中学会发出这些声音。

让我们来总结一下在研究“um”和“uh”中所学到的。这些词是英语中应用最广、依赖度最高的信号之一。它们的意思是：“我需要片刻来组织要说的话，所以希望能有一个短暂延迟；我还没有做好发言的准备。”尽管这个结论看起来简单，但是它为我们指引出了会话机的一些定义要素的核心，并指出了人类组织会话方式的特别之处。

首先，这些信号是反射性的。这显示出人类语言特有的奇特性，作为交流系统的一部分也能够进行自我交流。虽然它们没有添加当前交谈话题的信息，却丰富了说话人的思维状态和交谈本身的流程信息。

其次，这些信号只有在高速轮换系统中才有意义。在这样的系统中，即便是最短的延迟也会让说话者轻易地被其他可能开始说话的人打断。延迟在交谈这种以社会道德协定的共同行为中担负着责任。基于对时间的极度敏感，交谈中的延迟会引起各种推测，例如，说话者犹豫不决。有了像“um”和“uh”这样的信号，说话者能够明确地表示一切尽在掌握。

最后，当人们使用“um”和“uh”时，他们假设听者是配合的，愿意遵守等待的信号，并且避免在可能的情况下打断。

mm-hmm 与 uh-huh 的信号作用

“um”和“uh”这两个信号在自发发言中经常出现，甚至很多人觉得过于频繁。不管是在独白、叙述还是有来有往的对话中，它们都会出现。现在来思考下一种相似的表达方式，但这种表达方式只出现在有来有往的对话中。这便是“mm-hmm”（或与它效果等同的“uh-huh”）。

“mm-hmm”和“uh-huh”的一种用法是回答问题时表达“是”的意思。在这里，我们不关注这个用法，而是关注它延续交谈的功能。来看下面的例子。

呼叫者：这是来自一个月前的电话信息。

被呼叫者：是的，先生?

呼叫者：一个女人打来电话，呃，她，呃，她为她未成年的儿子签了一份合同。

被呼叫者：Mm-hmm。

呼叫者：她在合同中写，她给了些东西，然后用小字声明拿走了。

被呼叫者：Mm-hmm。

呼叫者：呃，同时，大约一个月——呃，不，大约她打这个电话的前两周，我读到——我听到或是读到——呃我读到或是在电视上听到，法官遇到了类似这样的案子。

被呼叫者：Mm-hmm。

呼叫者：他很反感这样，他说——他受够了这样的情况，他们用大字写给了什么东西，然后，用小字写带走——带走他们。

被呼叫者：Mm-hmm。

呼叫者：然后他表示这样的合同是无效的。

被呼叫者：Mm-hmm。

呼叫者：呃，我的意思是这帮到了那个打电话的女人，你知道，这就是我打电话的原因。

这种情况我们应该很熟悉。一个人正在滔滔不绝地说话，其他人在听的时候，表现专注的一种方法就是在不同的时间间隔里插入“mm-hmm”或“uh-huh”。你可能认为，当人们实际上并没有注意说话人在说什么时，也能够在不同的时间间隔里说出“mm-hmm”或“uh-huh”。这只是对我在这里所说的“mm-hmm”或“uh-huh”的作用给予了支持。如果这表示说话人正在集中注意力，也就解释了为什么人们会用这些词来给他人留下正在专注聆听的印象。这也进一步解释了这些词是真实语言的一部分，而非不受控制的征兆或“附属产物”。之前讨论的“um”和“uh”也是如此。这些词和普通词语一样，都有可能被用来欺骗和误导。

当一个人说“mm-hmm”或“uh-huh”的时候，他们实际上是对其他人说“请继续”或者“请继续，我听着呢”。从上面的例子可以清楚地看出这一点。从某种意义上来说，这就是“mm-hmm”或“uh-huh”的意思。

赫伯特・克拉克认为，“mm-hmm”或“uh-huh”可以作为延续词，因为它们对隐含问题“你理解并接受我说的话了吗”这个问题做出了回答。但伊曼纽尔・谢格洛夫持不同观点，他认为“mm-hmm”或“uh-huh”的意思是“你所说的话中没有什么需要我重复、澄清或纠正的”。尽管观点略有不同，但都表明这两个词在交谈中提供了有用的信息。在上面的例子中，讲述自身经历的人能通过这些词便捷地知道听者有没有与他同步。

事实表明，诸如“mm-hmm”和“uh-huh”这样的词显然不止是为了简单地知道。克拉克强调了人们在听别人讲故事时发出小信号的重要性：“叙述和交谈似乎是不同的，因为叙述是由个体在私下说出来的……表象掩盖了事实。叙述很大程度上所依赖的是交谈中参与者之间的协调，显而易见，这种协调隐藏在视线之外。”

心理学家珍妮特·巴韦拉斯（Janet Bavelas）和她的同事们设计了一个实验，研究在交谈叙述中，“mm-hmm”与“uh-huh”作为反馈信号的作用。他们观察人们在听别人讲故事时的行为举止。他们邀请人们来到实验室，讲述自己濒临死亡或幸运脱险的经历。

这种类型的叙述有一些既定特征。首先，他们会轮流发言，所以一方不得不聆听，并在叙述的大部分时间里保持安静。其次，故事完成前的轮换次数是不能提前确定的。再次，叙述会有一个明确的完成结点。例如，在巴韦拉斯的实验里，叙述者描述的躲过危险，与死亡擦身而过的结点。最后，为了让叙述完美收尾，不仅必须得到听众的认可，而且听众必须传达出认可的信号，认可故事的含义。理想的话，应当通过表达与叙述所描述相符的评价来证实说话人的情绪。比如，如果叙述的是濒临死亡的经历，那么在故事结尾处适当的回应可能是“噢，天呐，你太幸运了”，同时带着合适的语气或恰当的面部表情。

叙述的这些性质既涉及说话人也涉及听者。他们在交谈时遵守了我们在第 1 章中讨论的规则。那些规则要求双方都需要以特定的方式相互配合，交谈才能顺利进行。这很容易想象得到，一个永远不懂笑点的叙述者可能会被指责，就像一个听众在故事结尾时仅仅只是保持缄默，或是叙述者刚对关键事件做了开场白就脱口而出“哦，我的天啊，你真是太幸运了”都是这个道理。这些观点暗示着说话人与听者的行为之间有着特别密切的关联，就像会话机的概念所暗示的那样，他们是相互联系的。如果一个叙述者要完成一个具备所需元素的描述时，就需要一个听者。

巴韦拉斯和她的同事们用实验心理学的方法来检验人们在交谈中的密切程度。他们将被试分为两人一组，然后记录下他们的交谈。他们将一个人分配成叙述者的角色，让他们告诉另一个人自己的一次濒临死亡或者幸运脱险的经历。实验者注意到，聆听这些叙述的人在叙述过程中会给出两种回应：一般回应和特定回应。一般回应包括点头和说“mm-hmm”或“uh-huh”。下面是从实验录音中摘出的两个例子。

叙述者：我们住在一个房车公园。
听者：Mm-hmm（点头）。
叙述者：我有一张单人床。
听者：（点头）
叙述者：带个床头。
听者：Mm（点头）。

一般回应不能表达任何与叙述者所说的具体内容相关的意思，它们仅仅意味着听者在听，叙述者可以继续说。特定回应却可以表达出与叙述者所说的内容相关的情感。以下是三个例子（前两个是非语言的）：

叙述者：他的卡车在路过堤岸时翻了。
听者：（面部表情表示关切）

叙述者：周围没有人，他说“上车”！
听者：（面露恐惧）

叙述者：我，像个白痴，决定爬上悬崖而不是……

听者：……走路过去？

叙述者：……选择容易的出路然后走路过去。

像这样的特定回应，就是听者表现出了对叙述者所说内容的戏剧性或情感意义。

这两种类型的回应都对听者提出了真正的要求，他们密切关注故事的进展，选择在相关的时刻做出一种或另一种方式的回应。巴韦拉斯和她的同事们指出，当听者做出这些回应时，他们会在那一刻成为叙述或添加故事情节的推动者。他们的直觉是，叙述者要想很好地讲述故事，必须有一位配合的听者。他们认为，对于叙述者的成功来说，听者的行为是不可或缺的。因此，在叙述时，分散听者的注意力会影响故事讲述的质量。

为了验证这一点，巴韦拉斯和她的同事给听者提供不同的指令。有些人被要求只是聆听，而其他人则被分配了任务（叙述者并不知情）。例如，一些听者被要求在叙述者描述故事的同时，在脑子里计算距离圣诞节的天数，这完全分散了他们的注意力。还有一些人则被要求每听到以“t”开头的单词时就按桌子下面的一个按钮。

这产生了两个显著的影响。第一是对听者行为的影响。当听者从叙述的内容上分了心，他们做出的回应就会减少许多，特别是那些能够表达与叙述内容情感相关的特定回应。在正常的叙述情况下，听众每 27 秒会做出一次特定回应。但在注意“t”开头词语的情况下，这种特定回应几乎消失，下降至每 12.5 分钟出现一次。

第二是对叙述者行为的影响。巴韦拉斯和她的同事发现，如果听者分心，叙述者叙述的流畅性和质量都会下降。如果听者在适当时间做出合适的评价，故事就会更加巧妙且达到高潮。但是，如果听者分心了，叙述者就不能得到内容完成时应得的信号，一些情况就会发生。一种是叙述将会延长，产生来回循环。一种是，叙述会变得更加紧凑或不流畅，因为叙述者会有更多犹豫不决的信号（“uh”或“um”），改变节奏，或是出现空白和停顿。还有一种是叙述者会试图证明他们的故事确实真的“濒临死亡”，就好像听者没反应是由于他们讲述不当，没能给听者留下深刻的印象。

在一个例子中，叙述者描述了他在做伐木工时的一件事。一棵树倒在了他工作的地方，他无法跳到树的另一边，于是他不得不从树倒下的这边走开。下面是这个故事的精彩之处：

所以这棵树倒了，倒下了，倒下了。它在我前面，我在后面，但是它碰到了我的脚，那感觉就像一个人撞到了我的脚一样。

在这里，叙述者履行了他们的义务。他们承诺要讲述一次临危脱险的经历，作为回馈，他们被给予了较长时间的发言，他们讲述这个故事并得出结论。

但有个问题，虽然听者似乎在注意听故事，但实际上他们的手指放在隐藏的按钮上，他们只关心所听到的单词是不是以“t”开头的。以至于他们错过了信息，错过了根据交流规则要给予故事有意义的欣赏的时刻，因此叙述者没有得到结束信号，忽然叙述者就迷茫了：

所以，呃，我，我是说，我看到它倒了，我们都冲下去了，因为我们知道，我是说，我不知道那有多刺激，但是后来，呃，我是说，我们在午餐时拿这事取笑。因为如果你没被触动的话，这总是很有趣的，但是（独特笑声）嗯，我只是觉得，呃，这很有趣，呃。像通常，出去最简单的方法就是走两边，这样它倒下来你就在另一边。但是因为这次我们知道它向我

> 们过来，我们没有路，所以我们只能先逃命。这就带了些许兴奋感，因为这很有意思，会砍倒树木和其他东西什么的，所以……就是这样！

故事这种没头没尾的“迫降”并不是叙述者的错，这是一个“团队合作”的问题。实验表明，听者的回应作为交谈秩序的信息是会影响叙述者的语言表达的。实验揭示出了会话机在交谈中的运作。虽然我们倾向于把叙述看作一种独白，但在日常交谈中，听者在整个过程中都做出了重要贡献。这些贡献反馈到叙述者的表现里，就意味着把两个或更多相关的人相互联系到了一起，从而为会话机的运作提供了条件。

交谈中的社会互动

这揭示了会话机的一个关键因素：人类群体对社会偶然性的独特认知。我们对交谈的超社会认知的第一块基石是对事件之间偶然性的简单认识和兴趣。交谈就像是在下棋，可以看成一系列的动作，每一步都设置了反应的场景，并改变了我们可能的视野走向。如果采取不同的动作，就可能会有不同的回应，每一步都取决于前一步。留心那些意外事件对适当地参与对话尤为重要。

这种对社会互动中的偶然性和相互依赖性的敏感度是整个物种会话机的一部分，这促进了人类的互动。依据来自儿童发展中的社会互动研究。心理学家卡罗琳·罗伊－柯利尔（Carolyn Rovee-Collier）和戴维·罗伊（David Rovee）对婴儿进行了一项简单的研究，发现在两个月大的时候人类就已经能适应突发事件了。在他们的实验中，两个月大的婴儿躺在婴儿床上，抬头看悬挂在他们头顶上的五颜六色的手机。不出所料，相较于静态的手机，婴儿更喜欢晃动的手机。实验者创造了两种情境来测量婴儿对晃动的手机的兴趣。他们在每个婴儿的脚踝上绑一根柔软的丝线。一组婴儿的丝线另一端绑在手机上，这意味着婴儿可以直接让手机晃动，因此增加了乐趣和刺激。另一组婴儿的丝线并没有绑在手机上，手机持续晃动，但这些移动与婴儿的腿部晃动没有直接关系。

在这两种情况下，婴儿看到一个五颜六色的手机在他们面前晃动，当然会觉得很有趣。但是，当这种晃动与婴儿自己的身体动作相关联时，婴儿不仅变得兴趣更加强烈，而且在较长的时间段内，他们腿部的运动强度和频率增加了 3 倍，从而进一步增强了参与感。

这个发现表明，即使在两个月大的时候，婴儿也具备影响周围世界的能力。这种影响事物的能力不仅有趣，也是孩童理解因果关系以及发展自控能力和能动性的基础。婴儿快速适应了偶然性的关系。他们理解事情间的相关性，比如踢腿和愉悦的反应，以及悬挂在婴儿床上晃动的手机。

行为和回应之间的偶然性对人们来说很重要，不仅是因为它与现实世界相关，也因为这是我们理解社会世界的核心。两个月大的婴儿在与成年人进行社会化交流时，双方的贡献关系具有明显的偶然性。成年人和婴儿都不止是想看对方移动和表达自己，就像可能喜欢看一个五颜六色的手机在空中晃动。在交谈中，其中一个人的每个动作都会引起另一个人相应的或者更进一步的反应。

这是真正的互动，不仅仅是在一起，也不仅仅是成为某人的交谈与行动的目标，而是以这种方式锁定对方的行为，让两人成为事情的一部分。这个观点是我们早些时候从约翰·塞尔和玛格丽特·吉尔伯特这些社会行为学家那得到的启示。对他们来说，联合行动是指参与人从“我们”的角度而不是“我”的角度思考他们正在做的事情。这种能力是会话机的核心。

发展心理学家林恩·默里（Lynne Murray）和科温·特

雷瓦利（Colwyn Trevarthen）对两个月大的婴儿和他们母亲之间的互动进行了研究，这是一项关于偶然性如何相互作用的经典实验。母亲和孩子被安排在不同的房间，每个房间的前面都有呈现另一个房间的全尺寸全脸影像。每个人都可以简单地通过视频连接互动，看到并听到对方。实验者为母子设立了两种不同的情况。对他们中的一些人来说，视频是直播的，母亲和婴儿能实时地看到和听到对方。对另一些人来说，母亲们所看到的（他们并不知情）不是实时直播，而是婴儿早些时候的录像。

两种情况下，母亲和两个月大的婴儿都能互相看到和听到对方，但他们的表现大相径庭。在现场直播的情况下，婴儿的行为对母亲有直接影响。婴儿应变反应提高了母亲协调婴儿的程度。母亲更多地参与了与婴儿的交谈，他们使用更短的句子、更多的重复、更多的情感表达。

在另一种情况下，尽管母亲们认为她们还是如实时互动一样，但婴儿明显缺乏应变反应，削弱了母亲和婴儿之间的正常协调。在非直播的情况下，即使婴儿只有两个月大，母亲们也会像同大人说话的方式一样说话。默里和特雷瓦利得出结论，婴儿在决定母亲的说话方式方面起着积极的作用。婴儿交流的特点是具备适应母亲经常说的话的能力，这反过来解释了为什么在非直播情况下妈妈与婴儿交谈会被抑制。

在默里和特雷瓦利进行实验的时候，研究人员普遍认为母子之间的互动不是真正的来回对话。相反，研究人员认为，这些交流只是重复了对话，因为母亲们擅长“填充婴儿自发的、反应迟缓行为中的暂停”。但这若是真的，在视频互动实验里，母亲们在两种情况下的行为就不会有什么明显区别了。然而，实验表明，在互动的过程中，婴儿恰当的反应能力为交谈提供了结构，使其更加连贯。它直接影响了在这些互动中母亲的言行方式。

这些实验很好地说明了相互作用的双方是彼此依赖的，这便是会话机的工作原理。交谈中的任何举动都会引发与其相关的回应，而这又会引发接下来的回应。在这些简单的互动中，母亲和婴儿正在做着成年人在交谈中所做的事情，他们通过合作得到共同的成果。每个人都在联合活动中扮演着自己的角色，通过表现出直接偶然性和相互影响的方式，形成了一个系统。

需要注意的是，两个月大的婴儿实验和之前关于叙述者侥幸脱险的实验的相似之处在于，分心的听者无法产生应有的正常微妙回应。这直接影响了叙述者的行为，他们变得不那么流利了。他们转而进行自我重复，纠结于故事的高潮，想要证明他们的故事是恰当的，可事实上他们已经说清楚了。发生这种情况的原因是，即使一个人的角色是“纯粹的听者”，交谈中的故事也是合作讲述的。母亲对婴儿迟缓行为的反应与叙述者缺乏配合的听者相似，在这两种情况下，实验操作都干扰了会话机的运作。

母婴互动和叙述者与听者互动的实验都表明，交谈需要的不仅仅是行为上的同步。在动物世界中，同步行为很普遍。在海豚社会中，个体构成的族群紧密联系形成社会联盟。比如，雄海豚为了保障自己与某些雌海豚的接触，会结成伙伴关系。它们通过模仿彼此来标记伙伴关系，无论是在游泳和进食等移动方式方面，还是叫声方面。行为生态学家彼得·泰克（Peter Tyack）把海豚的社会化信号和人类语言中的“适应”现象进行了类比。许多传播学学者表示，人们交谈时，倾向于调整自己的说话方式，使之更接近彼此。这可能包括了一系列宽泛的行为特征。人们会在句长、讲话速度、语调的声音和节奏、口音、词语的选择、自我表露的程度、点头和身体姿势等方面相互模仿。

当然，人类也是一种动物。因此，我们在尝试实现和展现人际关系时，会采取与其他动物相似的策略也就不足为奇了。但是，刚才所列的适应互动协调，显然与海豚和其他物种不同，人类物种独一无二的交谈在形式上还是有所不同的。交谈中的人不只是步调一致，还要一起创造事物。为了实现这一点，他们必须相互依存。一个提问人需要一个回应人，一个爱闲聊的人需要一个知己，一个叙述者需要一位听者。

在交谈中将每个人结合在一起的连锁偶然性显然是交谈本身的决定性部分。但在交谈过程中，单纯的偶然性是不够的。我们还探讨了交谈中作为合作的参与性所带来的责任。促使交谈成为可能的相互依存是人类能够精诚合作和与之相关的道德思维的决定性因素。发展性心理学家迈克尔·托马塞洛（Michael Tomasello）认为，相互依存是人类社会认知和社会互动独特性的关键，同时也是我们道德生活的基础。如果我们要相互依存，那么每个人必须充分发挥自身的作用，不坚持这一规则将是道德上的失败。

这表明我们在本章中考虑的那些词，从“um”到“uh-huh”，再到“oh”“so”和“okay”，都是有道德结构的。这正是我想说的。这些词语不是常见的名词或动词，它们不指代事物或是描述事件。相反，它们的功能是程序性的。

诸如“uh”“uh-huh”“um”和“okay”这样的交谈信号，都是用来规范语言自身使用方式的。此外，它们还表明了会话机的另一个核心特征：人与人之间相互依赖的规范性和合作性。这些词之所以奏效，是因为它们促使人们认同并遵守发布的指令。通过使用这些信号，我们遵守了连贯互动的规则，同时也表明我们对于作为交谈基础的承诺很敏感。

HOW WE TALK

The inner workings of conversation

第 5 章

交谈中的关联性

我们已经看到，交谈中的轮换时间几近完美。正如我们在上一章中看到的，交谈秩序的信号不管是通过安抚对方说尽管延迟了但仍有回应，还是通过发出信号让他们知道你已经理解了他们的叙述，都能够让交谈正常进行。会话机必然具有在交谈中执行组织功能的方式，原因很简单：交谈是没有脚本的。交谈时，人们协作构建出篇幅长、复杂、时间紧凑的对话。交谈不仅是二重唱，而且是完全即兴的二重唱。

动物界的交流与互动

要理解这句话的意思，可以参照动物交替发声，这通常也被称为二重唱，也经常被比作人类交谈中的轮流说话。许多物种都表现出类似轮换的行为，一个发出声音，另一个紧随，最后前一个再发出声音，以此类推。我们曾在第 2 章讨论过狨猴的鸣叫等待交替。很明显，这里没有即兴创作，因为每只小猴子每次的叫声都是一样的。小猴子不需要在每次轮换的时候做出新的、恰当的回应。

在其他灵长类物种中，声音交流的方式更为复杂。合趾猿是一种树栖长臂猿，主要分布在苏门答腊岛和马来西亚半岛。雌雄配对的合趾猿能够发出精妙而响亮的叫声，与人类歌曲中的二重唱没什么差别，想想桑尼和雪儿（Sonny & Cher）的《我抓住你了宝贝》（*I Got You Babe*），其中每个人都按照一系列预先设定的交替动作，一个动作引导下一个，直到歌曲按预期结束。

图 5-1 是合趾猿鸣叫的结构说明。图中时间自上而下排列。两列分别代表雄性（左边）和雌性（右边）。显然，这两个个体间存在一种交替模式，并带有明显的重叠，其中一方发出具体的鸣叫，另一方会用相应的鸣叫来回应。“歌曲”的一个阶段引出下一阶段，最终解决并完成。

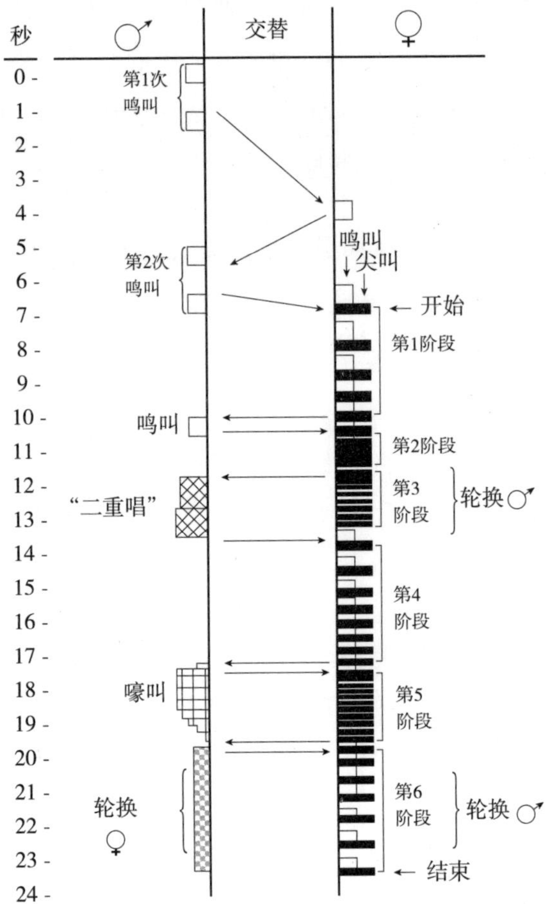

图 5-1　1981年，埃利奥特·H. 海莫夫（Elliot H. Haimoff）对组织序列的后期阶段和120只合趾猿“鸣叫顺序”的整个过程中产生的最基本的声乐和非声乐行为进行简化与程式化的记录。

资料来源：Haimoff, 1981: 141.

合趾猿的“二重唱”表明，两个个体能够创造出一系列紧密相关的鸣叫，不仅是在时间上，更是在具体的鸣叫中。如果想要两个个体一起“唱”到歌曲的结尾，合作中的每个个体都必须在与对方关联的正确时间点完成自己的部分，但这不同于人类的交谈。萨克斯和他的同事针对人类交谈中的轮流发言所进行的一个重要观察是人类的交谈不是照本宣科的。值得注意的是，事实上，我们不费吹灰之力就能进行交谈，因为我们事先并不知道交谈会持续多久，会说什么内容，或者以什么样的顺序进行。

如果合趾猿的二重唱里缺少了必要的步骤，互动就很容易中止。这表明，这些类人猿并不像人类交谈中那样的轮流发言一样鸣叫。当意外发生时，比如没能按照预期时刻发出适当的声音，二重唱就不会实现。但在人与人之间的交谈中，事情会以两种重要方式进行下去。第一，如果违反了互动规则，人们就会表现出持续追究他人责任的意识。第二，正如我们将在下一章中看到的那样，如果某些事模糊不清或是需要重复，就会有一个专门的修复系统。我们能够在遗漏了什么的时候相互指出，可以制止不恰当的举动、追求所期待或希望的回应。

与我们最接近的灵长类物种，比如黑猩猩、倭黑猩猩、大猩猩和猩猩，根本没有任何声音轮换的表现，甚至连在狨猴和合趾猿身上看到的那种都没有。然而，它们确实存在复杂的互动形式，它们在行为顺序中的移动表现出非常明显的偶然性，个体可以追求所期待的回应。这些似乎更接近人类的互动形式，因为它们是有序组织的，每一步都是对前一步有意义的回应。

认知科学家费德里科·罗萨诺（Federico Rossano）对倭黑猩猩母亲和小倭黑猩猩之间的互动进行了研究，重点研究了小倭黑猩猩如何让母亲来抱起自己。图 5-2 是小倭黑猩猩费米和母亲亚萨之间互动的一个例子。

图中展示了三个简单的阶段。首先，费米看着母亲（如图 5-2a 所示），直到母亲也看到自己。然后，一旦母亲看它，费米就做出“手腕弯曲”的姿势（如图 5-2b 所示），这是倭黑猩猩用来要求母亲抱起自己的传统手势。最后，母亲的回应是抱起费米（如图 5-2c 所示）。

图 5-2　三张顺序图，其中小倭黑猩猩费米使用“手腕弯曲”的姿势向母亲发出想要被抱起的请求。

资料来源：Rossano, 2013: 167.

罗萨诺认为，这些组织方式与人类交谈类似。关键在于，如果倭黑猩猩母亲没有按照期望的方式回应，例如抱起小倭黑猩猩，那么小倭黑猩猩会继续追求回应，例如调换位置并再次尝试。与合趾猿的例子相比，在这种情况下，动作缺失或是出现意外只会提前结束一连串动作。

还要注意倭黑猩猩互动的及时属性。从费米做出"手腕弯曲"的姿势到亚萨过去抱起它之间的时间间隔很短。罗萨诺的计时显示不到 200 毫秒，这也是人类交谈平均轮换的时间长度。罗萨诺还记录了许多类似的手势，并观察到了相同的及时属性。

人类交谈与倭黑猩猩请求交流之间确有共同之处，但与狨猴和合趾猿的声音交流只有表面上的共同点。与倭黑猩猩互动的相似之处在于每一步都与下一步动作相关联。这里的关键之处在于，人与人之间的交谈是一种相互关联的交流，而不是简单或有计划的呼唤。在有来有往的对话中，人们不会在下一步做一样的事（不像狨猴），或是在下一阶段做同系列的行为（不像合趾猿）。会话机中的某些内容不仅驱动了交谈的精准时间，还为每个动作之间提供了有意义的联系，让我们在没有脚本的情况下创造连贯的对话。这种联系来自一种叫作关联性的特殊黏合剂。

交谈中的关联性

关联性是会话机中最强大的认知组成之一。人们有一种根深蒂固的观念，认为事情之间存在着具有意义的关联，无论实际上是不是相关的。尽管事实上它们只是接近，但我们也很难不把事情进行有意义的关联。许多迷信就是建立在这样的基础上，比如我可能会把脚趾受伤与刚刚经过身边的那只黑猫联系起来。

在正常交谈中，人们不断使用关联性原则。认知科学家丹·斯佩贝尔（Dan Sperber）和戴尔德丽·威尔逊（Deirdre Wilson）给出了下面的例子：

彼得：你想要咖啡吗？

玛丽：咖啡让我保持清醒。

在彼得提出是 / 否的问题后，玛丽进行了回答。人类的认知倾向于在这种回应中找到关联性，尽管那并不是问题的直接答案。我们不得不认为，这一回答与彼得的话直接相关。这不仅是因为彼得刚刚对她说了些什么，而且因为彼得问的是一个直接的问题，给玛丽施加了回应的道德责任。在这些条件下，我们认为玛丽的转折是相关的，而且回答了彼得的问题。

当然，我们如何准确理解玛丽的回应，在某种程度上取决于上下文的具体语境。如果很明显玛丽不想保持清醒，比如，此时是深夜，就可以将玛丽对彼得的回应理解为“不要”；如果她确实想保持清醒，那就是想要咖啡的意思。顺便一提，需要注意的是，玛丽有一种避免直截了当说“不要”的方法，因此不必处理非期待的拒绝（在第 3 章中讨论过）。如果彼得认为玛丽的回答是相关的，那就是相关的。

在合趾猿二重唱模式的社交互动中，如果玛丽提供了除问题所要求的“是”或“否”以外的任何答案，这种互动就会终止。但是在交谈中，我们会尽极大的努力将每个动作解读为与前一个动作相关的动作。人类对于关联性的假设，得到了更高阶社会智能的支持，即使没有任何真正的关联，也会把每一步与下一步紧密黏合在一起。社会学家哈罗德·加芬克尔指出，人们总是会理解你的言行，只是不总如你所想。

20 世纪 60 年代，加芬克尔在加州大学洛杉矶分校精神病学系进行了一项实验。实验参与者被告知将体验一种新的咨询治疗。他们被要求坐进治疗室，并被告知咨询师会坐在另一个单独的房间，他们只能通过麦克风交流并只能提出是 / 否的问题。这种新的咨询治疗只允许咨询给出“是”或“否”的回答，参与者可以尽情地谈论给出的每个问题的背景。

参与者并没有意识到实验设计中所包含的一个细节。咨询师给出的“是”或“否”的答案与参与者提出的问题毫无关联。参与者并不知道，咨询师手里有一份“是”或“否”的答案清单，只需读出清单上的单词就能给出每个问题的答案。

加芬克尔发现，参与者很少意识到答案与他们的问题无关。在某些情况下，参与者会在两个不同的时间提出相同的问题，但有时他们会得到两种不同的答案。

在一个实验中，参与者是一个男学生，最近他正在与一个女生约会。他提问的重点是自己的父亲含蓄地表达了对他与女孩约会的不满。他解释道，他喜欢这个女孩，但同时也对父亲的不满深感不安。他的问题是：

学生：你认为我还应该继续跟这个女孩约会吗？
顾问：我的答案是“不”。

在随后的咨询中，学生想象父亲让他继续与这个女孩约会，但仍摆出不同意的姿态。他再次提出与之前基本相同的问题：

学生：我应该继续与这个女孩约会吗？
顾问：我的答案是“是的”。

虽然在这种情况下，学生会对“是”的答案表示惊讶，但仍旧认为这是一个正常的答案，因为这反映了咨询师复杂的推理过程。

所有参与者把得到的回复理解为答案，与问题相关而非随机的。加芬克尔充分讨论了他的发现，定义了人们对关联性不可替代的假设以及交谈中动作之间的关联。在所观察到的世界各地的文化中，同样的假设也出现在占卜文化实践中。

占卜时，人们通过自然现象来寻求问题的答案。人类学家戴维·泽特林（David Zeitlyn）分析了非洲的土著群体曼比拉人（Mambila）的占卜方式。曼比拉人有一种传统的蜘蛛占卜法，当村民有问题需要咨询时，他们可以请教蜘蛛占卜者。就像加芬克尔的实验一样，曼比拉人的蜘蛛占卜也是回答是 / 否的问题：

> 一般用倒置的锅把蜘蛛在地面上居住的洞穴围个圈。在靠近蜘蛛洞穴入口的围挡里，放一根棍子和一块石头，再在洞穴入口的上方放一组做好标记的叶子。当有人提出问题时，就敲击倒置的锅，蜘蛛会从洞穴里爬出来。这样便会弄乱树叶，然后通过树叶、棍子与石头组成的图案得出问题的答案。

曼比拉人就像加芬克尔实验中的学生一样，将随机的事情解释为对问题的理性回应。泽特林报告说，当曼比拉人面对来自蜘蛛的矛盾答案时，仍不会放弃这种交谈，他们也不认为这是不相关的。相反，他们看到了背后的关联性和理由。

当然，日常交谈的走向不是由随机的单词列表决定的，也不是由蜘蛛决定的。但我们在每一步仍旧运用了一种强有力的关联性假设。如果没有这样的假设，就很难解释人们如此善于感知许多话语背后隐藏的含义是怎么回事，尤其是考虑到语言给我们的表达带来了无限可能。

事实上，当回答“你想要咖啡吗”这个问题时，我们可以想出无数种方法来表达“不”。玛丽的回答“咖啡会让我保持清醒”这样复杂的方式之所以有用，是因为玛丽假设彼得会思考。这就是交谈中语言的本质。虽然所有动物都有行动的理由，但只有人类语言允许我们明确引用这些理由，这样其他人就能推断出我们真正想说的话。

在刚刚讨论的问题中，人们都能够马上看到关联性。在接下来的例子中，埃迪在第 1 条中的询问是初步偏好的预判，虽然他始终没有寻求帮助，但迈克很清楚接下来会发生什么：

1. 埃迪：我想知道你今天下午是否打算参加斯旺森的讲座。
2. 迈克：今天不行，恐怕我去不了。
3. 埃迪：哦，好的。
4. 迈克：你想找人把它录下来，是吗？
5. 埃迪：是的（笑）。
6. 迈克：（笑）那，我很抱歉。

迈克在这里运用的推论对交谈中的人来说非常容易。表面上看，埃迪只是问了个迈克是否会参加讲座的问题。然而，在交谈中，我们会问自己为什么对方要说这些话。如果我们能够感知对方的走向，便能高效地缩短对话。

赫伯特·克拉克在一项关于人们在交谈中如何运用多种回应方式的研究中探讨了这一问题。克拉克给出了这个例子：

茱莉娅在家吗？

克拉克指出，人们可以用不止一种方法来理解这个问题的关联性。这可能是一个简单的信息问题，只是寻求“是”或“否”的答案。提问者只想知道茱莉娅是否在家，或者在电话中这可能是让代接人叫茱莉娅接电话的间接方式。第二种理解的可能是因为听者理解了问题的关联性。前提是茱莉娅如果在家可能就直接去接电话了，就像迈克去听讲座是他能录音的前提一样。如果听者意识到这种关联性，他们会以请求并非提问来回复，从而节省时间并避免麻烦，例如可以直接说“我要找她”。

克拉克通过实验来了解人们在这方面的系统性。在其中一项实验中，一名研究人员给一家餐厅打电话，询问“你们接受信用卡付款吗”，回答这个问题的简单方法就是“接受”或“不接受”。但克拉克认为人们可能会采用更高级的推理。假设来电者有一系列的目标。作为一个目标，她很可能会决定当晚是否在餐厅用餐。作为附属目标，她想知道如何支付这顿饭的费用，还有另一个附属目标是她想知道她能否用自己的信用卡支付，下一个目标则是她想知道餐厅可以使用哪些类型的信用卡。因此，对餐厅是否接受信用卡的问题，与其仅仅说“是”，倒不如说更有用、更有效的内容，也就是可以使用哪些类型的信用卡。事实上，克拉克发现，在超过一半的情况下，餐厅会立即提供他们接受的信用卡类型信息，尽管打电话的人实际上并没有问哪张信用卡可以使用。最值得注意的是，克拉克发现，当餐厅只能使用一种类型的信用卡时，他们会百分之百地立即提供这个信息：

来电者：你们接受信用卡付款吗?

餐厅：我们接受美国运通卡。

这种转折在其简单性上具有迷惑性。因为我们用关联性的高倍镜来观察，毫不费力地就能觉察到这些的关联。来电者问了一个是 / 否的问题，从字面上看，餐厅老板并没有直接给出答案，但我们认为这些实际上的回答更有帮助、更具效率。

餐厅老板运用了会话机核心的两个社会认知要素。第一个是他们运用了较高水平的读心术能力，推理他人可能的目的，这些目的可以从表面行为剥离出来（这个人只是问我们是否接受信用卡，因此推断出他们也想知道可用的是哪种）。第二个是他们愿意合作并做出既有效又有帮助的回复。

这种乐于助人的态度符合人类以他人为中心的本能，这种本能将人类与人类的近亲区分开来。行为学家艾丽西亚·梅利斯（Alicia Melis）和同事们针对人类儿童和黑猩猩进行了一项对比实验。这些实验展示出人类儿童从 5 岁起就具有轮流合作、互帮互助的方式。相比之下，黑猩猩不会这种方式的轮流，所以它们的合作会随着时间瓦解。

相关研究表明，虽然我们的一般认知，比如空间理解、分类、因果推理等，与黑猩猩和其他猿类相比并不是独一无二的，但社会认知使我们与众不同。在理解他人思想、探究大型社会网络中社会关系的复杂性、与他人合作以实现共同的目标、惩罚不遵守规则的人等方面，人类表现突出。这就是其他物种不存在真正的交谈的原因。

社会文化认知，包括读心术的认知能力、关联性和基于道德的社会承诺，是会话机的核心，对人类的语言产生了至关重要的影响。人类能与他人的思想和文化协调，将特定群体的传统意义和实践体系构建为交流与合作的共享框架，这就是语言作为人类共同文化传统的框架之一，能够推动其复杂体系发展历史的原因。如果我们要维护整个社会的语言体系和文化交流，就需要实现高度的主体间性①。为了主体间性的存在，人们必须积极参与工作，在微观层面上维持它。要做到这一点，人们需要一种方法来避免共识中断的可能。伴随我们无脚本对话向前推进的每一步，对话的路线可能转向一个新的方向。如果你错过了刚才所说的话，或者你不确定它的关联性，那么会话机最好在那之前就提供一个解决问题的系统。这个系统叫作修复，也是下一章的主题。

---

① 主体间性指对他人意图的推测与判定。——编者注

HOW WE TALK

The inner workings of conversation

第6章

交谈中的修复

在一个接一个的对话中，有许多噪声和干扰。节奏非常快，每个新的轮换都可能会将交谈引向任何其他方向。因此，如果在理解或听到别人说的话有问题时，比如一个错误的词、一个错误的名字，或者是一个干扰的噪声，都需要立即解决，否则就会错过解决的机会。

交谈中的修复

当交谈中一个一闪即过的理解问题被发现并纠正时，这个过程有两个关键部分。一部分是修复发起，这是一个问题需要修复的信号。另一部分就是修复本身，也就是实际解决问题的方式。有时，一个人参与整个修复的过程，既包括修复发起，又包括修复本身，这就是主动自我修复。例如第 4 章的一个例子：首先一个棕——呃，一个黄色的和一个绿色的圆盘。

有时是别人主动修复，例如下面两个英语电话的例子。

A：迪珀特也在那里。

B：嗯?

A：迪珀特也在那。

B：哦，是吗?

A：哦，西比的妹妹有个男孩儿。

B：谁?

A：西比的妹妹。

B：哦，真的吗?

这种模式令人感到熟悉。A 说了些什么，然后 B 不是用新的内容推进交谈，而是把注意力转回到刚才所说的内容上，这时 A 就要返回去修复。

在上面两个例子中，问题似乎很明显：B 只是没听清楚 A 刚才说了些什么。为了解决这个问题，A 要做的是用更清晰、更仔细的发音重复刚刚所说的一部分或者全部内容。一旦相关的事情被重复，就可以看到 B 能够在交谈中采取下一步适当的行动了。在这两个例子中，B 都给出了所谓的信息反馈（news receipt）。交谈中，通常从“哦”开始的信息反馈清楚地表明，一个人已经理解了刚刚提供的新信息，他们倾向于下一步的推进。

例子中的“嗯？”和“谁？”表明了修复过程的两个部分——修复发起和修复本身，可以由两个不同的人发起。这清楚地表明，交谈是一种合作，修复工作也是共同承担的。就像一起做蛋糕时，一个人把面粉倒进去，另一个人搅拌，换作交谈中就是一个人发现问题，另一个人去修复。

例子中的“嗯？”和“谁？”所显示的模式被称为他人发起的修复。当 A 第一次说“迪珀特也在那里”时，他可能没有意识到任何问题。B 发起修复，通过让 A 注意到这个问题，B 给了 A 一个理由，A 也愿意合作。

这并不罕见。表 6-1 是我对来自世界各地 12 种语言的修复进行的研究。

我们发现他人发起的修复一直都在发生。全球超过 2 000 多个抽样调查表明，在非正式交谈中，平均每 84 秒就会发生一次这样的情况。

这就告诉我们有关人类语言的两件事。第一，语言绝不是完美无缺的，这并不奇怪。几乎每分钟都会出现一些问题：

误听、用错词、用词不恰当、名字无法识别等。第二，人们不想略过这些问题。高频的他人发起的修复表明，当人们发现问题时，指出并及时解决问题是非常重要的。

表 6-1　在全球范围内比较交谈中的“修复”所包含的语言

语言	语言所属地
查帕拉语	厄瓜多尔
荷兰语	荷兰
英语	英国
冰岛语	冰岛
意大利语	意大利
老挝语	老挝
LSA（阿根廷的一种语言）	阿根廷
汉语普通话	中国
澳洲土著语	北澳大利亚
俄语	俄罗斯
加纳语	加纳
Yélî Dnye	美拉尼西亚岛

资料来源：Dingemanse, et al. 2015.

注：对于每种语言，研究人员收集、转录并编码了大约4个小时的自发交谈，结果得到了来自世界各地的近50个小时可直接进行对比的日常素材。

上面例子中的“嗯？”和“谁？”表明一个人在修复发起时的两种不同方式，其中一种更具针对性，也更强势。“谁？”能更具体地指出问题所在。

在“西比的妹妹有个男孩儿”的例子中，问题变成了一句完整的话，一个关于一个人有个男孩儿的新闻。B用“谁？”回应，做了两件事。首先，明确了问题是关于A提到的一个人。需要注意的是，B并没有指明问题是什么，这可能是因为没有听清楚，或者虽然听得很清楚但不明白是什么意思，比如西比可能有不止一个妹妹。

其次，这也暗指其余的部分没有问题。当B说“谁？”时，B清楚表示B听到并理解了某个人有个男孩儿，这一策略让B恰当并具体地做出了修复。正如我们在这个例子中看到的，A没有重复“有个男孩儿”，只是重复了“西比的妹妹”。下一步的交谈表明问题已经解决了，内容被认可了（哦，真的吗？），交谈可以继续了。这得益于B对细节的关注，交谈的干扰被降到了最低。

但是，说“嗯？”（或者“什么，再说一遍”等）是不具体的回答，没有给对方任何问题具体在哪儿的信息。另一种具体描述这种差异的方式是强度上的差异。“嗯？”就是相对较弱的修复发起方式，没有那么大的力量将别人的注意力引到需要修复的问题上。因此，在“迪珀特”的例子中，A重复了他说的每个词，但这一次的措辞更清楚了。如此，对话进到下一步，这表示问题已经解决。内容被认可（“哦，是吗”)，对话能够继续下去了。

强修复与弱修复

我们对两类修复发起方式进行了区分：强修复和弱修复。“嗯？”之所以被认为是弱修复，是因为它对原始句子的提问是完全笼统的。因此，就像“迪珀特”的例子一样，修复是通过重复整个句子来完成的。也可以采用另一种方式进行，如下所示：

A：迪珀特也在那里。
B：谁?
A：迪珀特。

“谁？”就是一种更强的修复发起方式，传达了 B 听到并理解了很多内容，只是并非全部内容。B 也听到有人在那，只是要么没听到，要么没明白是谁。

现在让我们放大一个强修复发起的想法。有两种类型，“谁？”是请求特定信息的修复发起者类型的一个示例，在这个例子中是关于所指的人的信息。其他疑问词，像“什么时间？”和“哪？”也运用了这种方式。另一种类型，强修复发起者不追问特定的信息，而是提供他们认为自己听到的内容版本，再简单确认是否正确。正如下面的例子所示，如果一切顺利，这种修复发起者就让 A 用目前为止最简单的方法解决了问题：只需确认他们确实听到了或理解正确。

A：迪珀特也在那。

B：迪珀特也在那?

A：是的。

弱修复和强修复两者之间有着重要的区别。人们在交谈过程中任何时候都要面对选择，思考上述例子中 A 的话。

A：迪珀特也在那。

如果我们把交谈流程看成一组选择，这里 B 有两个广泛的选择（如图 6-1 所示）。第一个选择是继续交谈的流程，并表明或者至少指出，新的内容已准备就绪。例如：

A：迪珀特也在那。

B：哦，是他?

第二个选择是产生某种形式的他人发起的修复，这在原则上是可行的。但不同形式的修复不能等同。在弱修复与强修复之间，原则上只有弱修复这一个选择。如上文的问题情境，如果一个人没有听到别人在说什么，那最好的办法是说“嗯？”或类似的词，比如“什么？”或是“抱歉？”。只有在强修复的情况下，才必须从两者中做出选择。

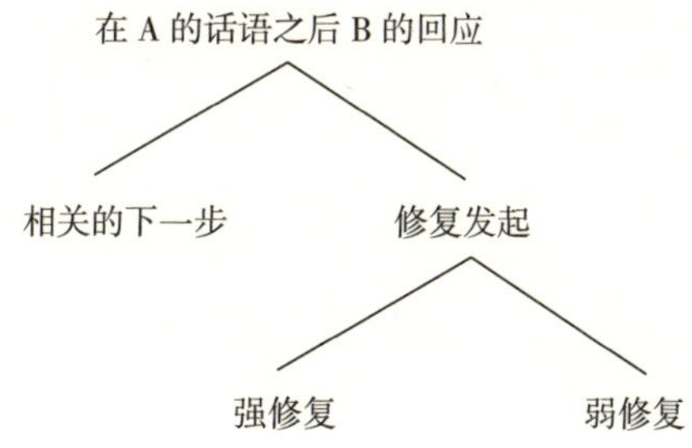

图 6-1　在交谈中所有给出回应行为的可能方式。

如果交谈是一种合作行为，那么人们似乎更倾向避免干扰。修复不仅会暂时中断交谈的进展，还会让人们返回去重来。修复是成本较低的对交谈过程的破坏。

以这些方式发起修复也可以视为对他人的一种强加行为。因此，当有人必须修复他们刚刚说的话时，应该尽量减少要求他人去修复时遇到的麻烦。现在请注意“嗯？”和“谁？”之间的区别。在用“谁？”时没有必要重复整句话，问题可以更经济、更省力地解决，只要回答名字就行了。但在用“嗯？”时，整句话就必须重复一遍。

这些选择意味着人们在面对他人发起的修复时可以采取不同的策略。一种策略是简化自己的工作，让另一个人做这项工作。这就是“嗯？”的策略：不给别人具体的信息，只要说“嗯？”，他们就必须重复或重述所说的话，从而解决问题。另一不同的策略是，在修复发起时，要通过尽可能具体的方式来减少对方的工作量。通过更具体或更有力的形式发起修复，对方更容易确定问题是什么，从而在解决该问题时就能减少所用的话语。

有关交谈的研究调查了人们需要在修复发起时所做出选择。社会学家伊曼纽尔·谢格洛夫、盖尔·杰斐逊和哈维·萨克斯关于修复的开创性研究表明，修复的开始有一个基于力度的自然顺序。他们认为人们更喜欢强修复的方式。

谢格洛夫和他的同事注意到，有时人们会改变或者放弃较弱修复的方式，替换成强修复的方式。例如：

1. B：你在这里要待多久?

2. A：呃——没多久。呃，直到，呃，星期一。

3. B：直到——哦，你的意思是从明天算起是一个星期。

4. A：是呀。

在第 3 条，B 发起修复，要求 A 确认他的理解是否正确。B 以“直到——”作为中断，我们可以猜测 B 是准备说“直到周一”或“直到什么时候”。这两种情况都需要 A 做一些说明才能澄清。我们可以看出这个对话发生在星期日。这种困惑来自这样一个事实：当第二天是星期一时，人们通常不会说“星期一”，而会直接说“明天”。B 后面用简单的理解打断了交谈，并重新措辞：“你的意思是从明天算起是一个星期？”这非常具体，因此是强修复方式，能够通过简单的“是呀”来轻松回答。这个例子表明，人们在说话中途变换修复方式时，往往在强度或具体性上会有所提升。

在其他情况下，谢格洛夫和他的同事注意到，当相对普通的标识无效时，可以使用更具体的标识。例如：

1. 洛丽：但是你知道单人床太薄了，难以入睡。

2. 山姆：什么?

3. 洛丽：单人床。它们——

4. 山姆：你的意思是太窄吗？

5. 洛丽：它们真的是太窄了呀。

在第 1 条中，“薄”似乎在上述语境中是个不常见的词，所以目前还不清楚洛丽想要表达的意思。“薄”可能更经常用来形容一张床的其他特点，比如床垫有多厚，而不是床有多宽。山姆第一次尝试发起修复用的是通用话语“什么？”洛丽在第 3 条开始说明时，山姆重新发起修复，这一次采用了更具体的方式，不再要求洛丽解释，而是简单确认，通过更具体的方式进行修复。

赫伯特·克拉克和爱德华·谢弗（Edward Schaefer）收集了 750 多个拨打到英国查号台的电话。在这些电话中，来电者和接线员之间经常会进行一些来回的沟通，以确认所查询的电话号码是否被清晰地听到，或被准确地记录了下来。例如：

1. 接线员：查号台，请问哪座城市？

2. 来电者：剑桥。

3. 接线员：名字是什么？

4. 来电者：是上海餐厅，不在我的电话簿里，但是我知道它是存在的。

5. 接线员：是剑桥 12345。

6. 来电者：12345。

7. 接线员：没错。

8. 来电者：非常感谢。

9. 接线员：谢谢，再见。

重要的内容是第 5 条到第 7 条。接线员提供了被要求提供的关键信息，也就是餐厅的电话号码，来电者核实所听到的信息是否正确。第 6 条的核实行为类似于前面看到的由他人发起的强修复，因为问题是通过简单确认解决的。

现在假设相同的互动采用不同版本，其中选用一个更通用的修复发起方式：

5. 接线员：是剑桥 12345。

6. 来电者：可以重复一下吗？

7. 接线员：剑桥 12345。

8. 来电者：非常感谢。

在这里，如果来电者使用弱修复的方式“可以重复一下吗？”，也能解决问题。从某种意义上说，最终结果一样有效。来电者会在第 7 条得到确认是否听到了正确的号码信息，然后交谈继续进行。但这两个版本之间有一个重要的区别，就是接线员在第 7 条的工作量。在第一个版本中，接线员所要做的就是确认“没错”，在第二个版本中，他们就必须重复之前的整句话。

从收集的电话记录来看，克拉克和谢弗发现，相较于更强或更具体的策略，来电者很少采用弱修复。只有 4% 的情况下，来电者会使用弱修复，例如“什么”。同时，超过 60% 的电话都采用了强修复，也就是重复听到的所有内容，这就意味着接线员只需要简单确认即可。来电者总是会选择他们所能采用的最强的修复方式，把接线员解决问题的麻烦降到最低。基于这些观察，克拉克和谢弗提出，当人们在交谈中开始修复他人的话语时，会遵守一条“最强发起规则”。

值得探讨的是，在修复开始时，强或具体的倾向取决于语境，比如与接线员的正式互动。对他人发起修复的 12 种语言的跨文化研究为检验这一点提供了方法，因为我们关注的是非正式环境下的日常互动，即熟悉的双方：亲戚、朋友、邻居等。我们收集了家庭等非正式环境自由交谈中的修复，看看人们是否选择了更具体的修复方式。

如果通常情况下，人们更喜欢使用相对具体的修复方式，那么就意味着当人们使用特别弱的方式时，例如“什么？”

或“嗯？”是因为他们别无选择。因为在他们没有听到别人说的话，或是注意力分散到别处了，抑或是说话内容完全超出预期时，确实说“什么？”或“嗯？”更为恰当。

在 12 种语言样本中，我们查看了他人发起的修复的例子，并确定了导致听力或理解障碍的 3 个常见原因。第一，存在明显的噪声干扰，例如，当时有其他人也在讲话或开关门时；第二，注意力在其他地方，例如，同时与其他人聊天或是在看手机；第三，重新引出了一个问题，作为一个问题，很可能与之前说的并无关系，因此听者没有预料到。

我们在数据中同时分离出所有这 3 种例子，将这些称为易出问题的情况。在易出问题的情况下，多种原因共同造成了听或理解他人话语的最差条件。如果修复是在这种情况下发起的，我们可以有 99% 的把握预测它将是弱修复或非具体的修复类型：也就是说，会是如“嗯？”或“什么”这样的方式。

当然，当人们真的不能具体表达的时候，他们就不会具体。在易出问题的情况下，一个人一般是别无选择，只能在修复发起的时候含糊其辞。但在其他情况下，人们确实还有的选。在克拉克和谢弗对查号台的研究中，我们看到人们遵循一个最强发起规则，在确认对所听内容的理解时，人们是非常具体的。

不同语言之间的修复差异

为了观察人们在日常面对面交谈中是否有这样的情况，我们观察了跨语言研究中没有易出问题的情况的例子，将它们标为默认情况，然后观察在默认情况下使用具体的修复的频率。我们发现，如果在默认情况下发起修复，大约60%是强修复，比如“谁？”。

请注意，在这些情况下，尽管一个人说得相对具体，例如“谁？”，但他们总是可以选择更模糊的词来替代，比如“嗯？”。这并不是说人们会更具体地发起修复，所以我们有理由质疑英语以外语言的人是否会有所不同。

许多关于英语中修复的研究表明，人类在整体上相互作用，但没有明确指出这些发现的普遍含义。这里留下了一个未经检验的问题，那就是所发现的规则是否不依赖所涉及人群的语言或文化：英语与世界上6 000多种语言中的任何一种。我们想使用来自世界各地的语言数据去测试世界各地的人们是否都遵守同一个修复发起的规则。

我们做的第一件事是检查人们是否使用与英语中相同的顺序模式来进行修复。我们发现，在所有抽样的语言中，这些顺序一直存在。结构与我们在英语中看到的相同。在这里，我们采用前面“迪珀特”的例子来说明：

问题来源　A：迪珀特也在那里。

修复发起　B：嗯?

修复解决　A：迪珀特也在那。

重新开始　B：哦，是吗?

我们发现这些顺序不仅在所有语言中都存在，而且都非常普遍。在总共 4.5 小时的交谈抽样中，平均每 84 秒就有一个人中断交谈去纠正问题。我们发现，95% 的修复发起是在上一次修复后的大约 4 分钟内，如图 6-2 所示。随着时间推移，上一次修复发起后（横轴），下一次修复发起的可能性会增加（纵轴）。

图 6-2 显示了我们将所有示例语言放在一起对比所观察到的模式。每一种语言的基本模式是相同的，尽管语言之间有一些细微的差异。例如，在冰岛语的例子中，修复发起的速度比阿根廷手语稍微慢一些。

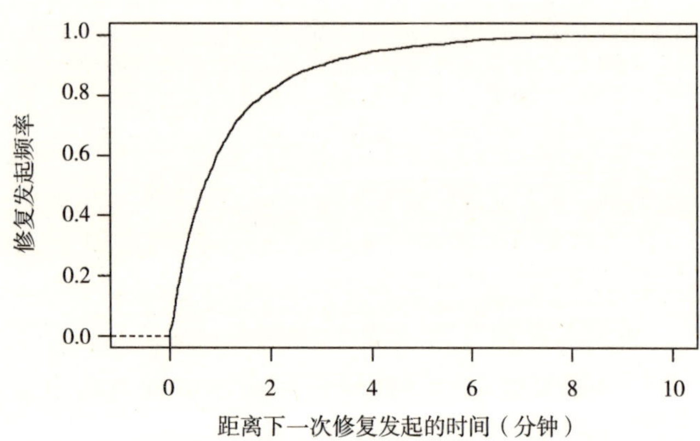

图 6-2　随着时间推移，上一次修复发起后，下一次修复发起的可能性会增加。

资料来源：Dingemanse, et al., 2015.

数据显示了在没有区分类型的情况下，修复发起的总体频率。我们检查了研究中的所有语言在弱修复和强修复之间是否有相同的区别，答案是肯定的。在研究的所有语言中，都存在相同的修复发起的基本选择，但细节上有一些有趣的差异。

语言之间最明显的区别之一与弱修复有关。在英语中，有三种形式。第一种是“嗯？”的类型，其中包括诸如“Hmm？”之类的变形。这种类型专用于修复发起，被称为感叹词，本身就可以构成一句完整的话，通常不能用于复杂短语。英语中的其他感叹词还包括“Wow！”，“Yuck”和“Phew”。

第二种是“什么？”的类型（英语中有些微妙的变形，例如“Wha？”），这种类型使用的词通常有更广泛的功能，例如作为常规疑问词出现在其他句子中。在英语中，“什么”本身可以作为修复发起的词，也可以作为一个完整句子中的词，就像“那是什么味道”或者“他们听到你们说的什么了”。

第三种是规范型。这是修复发起的特殊习惯用法，在英语中，包括父母教孩子使用所谓的礼貌用语，包括“对不起”、“不好意思”和“麻烦再说一次”。

我们的研究发现，虽然所有语言都有弱修复发起方式，但它们不一定都有这三种子类型。唯一看似真正普遍的子类型是感叹词“Huh？”，这也是下一章的主题。

第二种类型使用了非常普遍的诸如“什么？”这样的词。大多数语言都有类似的表达。

在我们的研究中，尽管有例外，但大多数语言都以使用疑问词的方式来发起修复。样本中只有两种语言没有使用“什么？”这种疑问词来发起修复：Yélî Dnye 和泽套语。

“对不起”和“麻烦再说一次”这样的规范化策略在世界上多种语言中甚少见到。许多语言根本没有这样的修复发起方式。在大型社会中，语言经常用于机构间的交流以及陌生人间的互动，所以礼貌的语言形式往往能得到很好的发展。在规模较小的社会中，礼貌的语言形式可能作用不大，甚至没有作用。

尽管不同语言在细节上存在一些差异，但世界各地的修复发起方式的基本原理是相同的。在每一种语言中，从弱到强，他人发起的修复类型都有三种不同的类型。无论说什么语言，当一个人想要发起修复时，他们必须从这三种中选择一种。

我们想知道所有语言的使用者在交谈中做选择时是否都遵守相同的规则，或者是否存在文化差异。一种可能是人们在任何地方都遵守同样的理性规则，或者不同的策略反映了不同的文化价值观。一些研究人员提出，在某些文化中，人们倾向于让事情变得模糊。可以想象的是，在某些文化中，这种偏好会导致弱修复成为最主要的选择。

对于研究中的每一个案例，我们都会记录，当出现需要修复的问题时，发起修复的人是否集中注意力在某件事上。我们发现，当一个人参与一个并行的行动时，有一半的时间会使用弱修复。但是当他们集中注意力在说话人身上时，就会使用强修复，只有 1/4 的可能性采用弱修复。在我们观察的所有语言中都存在相同的模式。

让我们看看从语言学家保罗·德鲁（Paul Drew）的一项研究中选取的例子：

1. 戈迪：嗨，诺姆。
2. 诺姆：嗨，戈迪。
3. 戈迪：你今晚去吗?
4. 诺姆：嗯。
5. 戈迪：你介意载我一程吗?
6. 诺姆：不介意，没问题。
7. 戈迪：你真好!
8. 诺姆：我接着洗澡了。
9. 戈登：什么?
10. 诺姆：哈，我正在洗澡。
11. 戈登：哦，不好意思，应该等你回去再说。

看看画线的第 8 条和第 9 条。德鲁指出，像第 8 条这样的话语有一个重复出现的模式。他注意到两件事。首先，这些话语的内容会明显偏离交谈内容。其次，它们导致了一个较弱的修复发起方式。这让我们怀疑，下一步的动作是否更难预测，因而更难处理，进而更有可能采用一种较弱的修复方式。为了系统地研究这一点，我们把重点放在了两种完全不同的表达方式上。

如果有人问“现在几点了”，我们可以相对肯定地预测这个问题会得到什么样的答案。理论上来说，可能的答案是无限的。但在实践中，我们可以相当肯定回应者能做的很少。他们可以使用标准格式（“现在是2点半”“7点55分”“4点半”）来描述一天中的某个时间，还可以用其他一些间接的方式来指代时间（“该走了”“快到午餐时间了”“我父母还要1个小时才来”），也可以给出不能回答问题的理由（“我不知道”“我没有手表”）。如果提问之后立即说出的话语比问题本身更容易预测，就意味着在处理或理解问题回答上应该不会有什么问题。

我们发现，当问题来源是一个问题时，几乎一半的修复会采用弱修复。但是，当这只是一个问题的答案时，人们使用弱修复的可能性减少了一半。这种模式在所研究的12种语言均存在。

对于强修复和弱修复，跨语言比较的最后一点是重复修复。经常发生的情况是，第一次试图修复并不能得到令人满意的解决办法，因此需要再进行一次。例如：

> 1. 妈妈：哦，是什么？
> 2. 莱斯利：什么？
> 3. 妈妈：那个地方。
> 4. 莱斯利：什么地方？
> 5. 妈妈：我在信中问过你。
> 6. 哪里，在哪里，呃，怀斯的车库在哪里？
> 7. 莱斯利：斯帕克福德。

在这个例子中，第一次尝试发起修复是弱修复（第 2 条），然后在后续尝试中升级到一个较强的修复（第 4 条）。我们想知道在其他语言是否也存在相同的模式。我们确定了所有的修复发起程序，它们都是在修复失败后发生的。我们发现，当首次修复在时间序列中大约 1/3 处发生时，将会使用弱修复。但是，当它是后续行为时，弱修复的使用比例就会下降到一半。这一模式表明，当人们有第二次机会发起修复时，将更加具体。这证明了强修复不仅仅适用于英语，也适用于其他语言。

综上所述，我们在本章中所讨论的发现揭示出一种普遍的趋势，即当人们在交谈中开始修复别人的话时，会尽可能具体。这种倾向告诉我们一些有关交谈合作性质的重要信息。更具体的发起修复有两个优点。第一，它增加了一次性解决问题，让交谈重新回到正轨的机会。这对交谈双方都有好处，因此这也是一种合作策略。

更具体的第二个好处提示了一个可能更无私的动机。

A：迪珀特也在那里。

场景一 B：嗯？ A：迪珀特也在那里。

场景二 B：谁也在那里？ A：迪珀特

场景三 B：迪珀特也在那里吗？ A：是的。

比较这三种场景中解决问题时 B 和 A 之间的分工。从最弱到最强，这三种场景所使用的修复方式在强度上存在差异。现在比较一下每个人相对于其他人在这些场景中需要做多少工作。因为修复方式变得更加具体，B 必须做更多的工作，而 A 需要做的就更少。当 B 选择更具体的时候，B 选择为解决问题承担更多的工作，同时也要求对方少做一些。完全重复一遍“迪珀特也在那里”或许不需要花很多时间，但肯定比简单的“是”需要付出更多。

我们测算了所有例子中涉及的两个人的相对“付出成

本”，发现这种趋势在所有语言中都存在。结果表明，无论是哪种语言，或者说哪种文化，人们都会选择更具体的方式进行修复，这样就能减少其他人为解决问题所需要付出的。

这些修复规则出现在一个通用会话机的语境中。所有语言的使用者依据相同的规则，做出相同的基本选择。这根植于共同合作的意愿，从而最大限度地提高了互动的效率。当使用他人发起的修复时，人们不仅能够使交谈更有效，而且他们在出现问题时尽量减少他人为修复所付出的努力。修复系统通过确保人们每一步都保持同频率来使交谈顺利进行。

在本章中，我们以来自世界各地的语言样本为基础，集中讨论了修复的基本规则。在我们的比较研究中，修复系统的特点凸现出来。在他人发起的修复中，语言表现出比预期更紧密的聚合，我们现在转向“Huh？”，这个词几乎是人类通用的。

HOW WE TALK

The inner workings of conversation

第 7 章

通用词“Huh? ”

在老挝中部河流平原的一个村庄里，一个男人隔着细竹墙向隔壁一个名叫 Noi 的邻居喊："Noi bòò mii sùak vaa Noi？"（Noi，你有绳子吗 Noi?）Noi 回答："Haa？"（嗯？）男人便重复了问题："Bòò mii sùak vaa？"（你有绳子吗？）

在加纳中部的一个山间小村庄。两个讲加纳少数民族语语言的人正在准备火药，这些火药是为隔壁村的葬礼准备的。一个人问："Ilɛ̀ isɛ̀-ɛ？"（葬礼在哪里？）另一个答："Hã？"（嗯？）第一个人重复："Ilɛ̀ isɛ̀-ɛ？"（葬礼在哪里？）

在世界上每户人家，每座村庄、城镇的日常交谈中，无论文化、生活方式和语言是怎样的，都可以发现他人发起的修复。但在上面所举的例子中，还有一些需要注意的地方。不仅每种语言都有一种弱修复的方式，而且用于修复的单词听起来也几乎是一样的，听起来就像英语单词"Huh？"

不同语言中的“Huh？”

我们的研究小组成员在跨语言的交谈修复研究中，发现“Huh？”可以作为一个通用的词。我们关注的是人们如何处理语言中的误解。在研究的初步阶段，有关重复的一个观察让我们感到吃惊。在所有语言数据中，人们都会发出一个类似于英语“Huh？”的声音，而且功能也差不多。我们不禁要问“Huh？”是一个通用词吗？

我们要确定“Huh？”是否通用，必须检查当今世界上使用的 6 000 多种语言中的每一种。当然，也要适用于你在语言研究中会遇到的所有已知的通用语言。

语言学家安娜·维尔茨比卡（Anna Wierzbicka）认为，只有大约 60 个词的含义是通用的。她认为，每种语言都有一种清晰的方式来表达简单的概念，包括“好”、“所有”、“人”和“你”。语言学家 R.W.W. 狄克逊（R.M.W.Dixon）认为每一种语言都有形容词，一系列不同于名词与动词的词。同时，语言学家诺姆·乔姆斯基还提出，在所有语言的语法结构中都可以找到递归，也就是将过程的输出作为输入。

当这些语言学家为自己的观点提供证据时，只能引用世界上的一小部分语言。只要没有出现反例，他们仍然可以认定很大程度上这些内容是普遍的。由于语言学是一门归纳科学，当语言学家收集这个世界上不同语言中可能发生的信息时，他们能够越来越确定在没研究过的语言中会发现什么，或者不能发现什么。也就是说，他们必须怀着开放的心态。

表 7-1 显示了 15 种语言的弱修复发起方式。表中所涉及的单词都与“Huh？”有相同的作用。第 3 列中的单词都是疑问词，几乎都是“什么”的意思，也有些意味着“如何”，如意大利语（Come？）、德语（Wie？）和法语（Comment？）。

表 7-1　15 种语言中的弱修复

语言	地区	疑问词	感叹词
ǂĀkhoe Hai‖om	纳米比亚	mati	hɛ
查帕拉语	厄瓜多尔	ti	a:
尼泊尔语	尼泊尔	tʰɛm	hã
多纳语	巴布亚新几内亚	aki	ɛ̃:
荷兰语	荷兰	wat	hɜ
英语	英国	what	hã:
法语	法国	quoi	ɛ̃
匈牙利语	匈牙利	mi	ha
冰岛语	冰岛	hvað	ha:
意大利语	意大利	cosa	ɛ:
老挝语	老挝	iñaŋ	hã:
澳洲土著语	澳大利亚	t̪aŋgu	a:
俄语	俄罗斯	shto	ha:
加纳语	加纳	be:	hã
西班牙语	西班牙	que	e

注：15种语言的弱修复方式，以“疑问词”形式和“感叹词”的形式表示。感叹词这一列中的单词（还有疑问词中的部分）是用国际音标书写的，直接表示了这些单词的发音。

你还会注意到，这些词在不同的语言中听起来完全不同：对比英语的“what”与俄语的“shto”，还有多纳语（一种巴布亚新几内亚的高地语言）中的“aki”。这就是我们在比较不同语言的词语时所期望的：比如“狗”在三种语言中的词完全不同：英语（dog）、俄语（soaka）、多纳语（yawi）。

现在看感叹词那一列，可以发现一些不同的内容。这些词之间有种不可思议的相似性，所有口语都使用元音，每个都具有一系列相同的可能性。如图 7-1 所示，人类语言中元音发音的可能性分布在一个网络格上，以两个轴展开：从前到后与从闭合到张开。图表中的每一个语音符号代表至少一种人类语言所使用的元音。

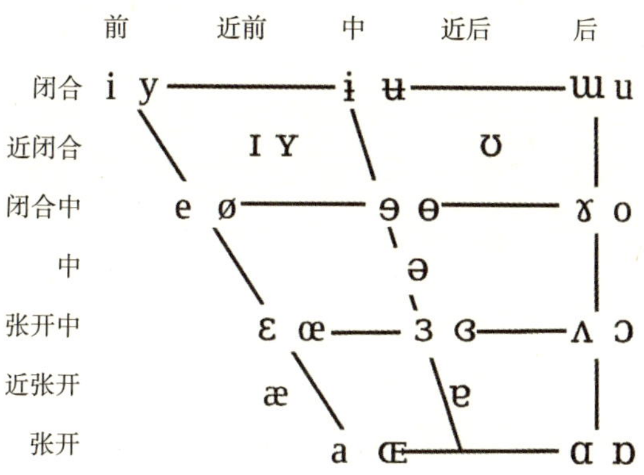

图 7-1　人类语言中元音的国际音标符号，根据发音位置排列形成网格。

表 7-1 中类似“what”的那一列疑问词运用了表 7-1 中的所有元音。我们对 20 多种语言的观察表明，在与“Huh？”相同的表达里没有一种语言使用过图 7-2 圈外的声音。

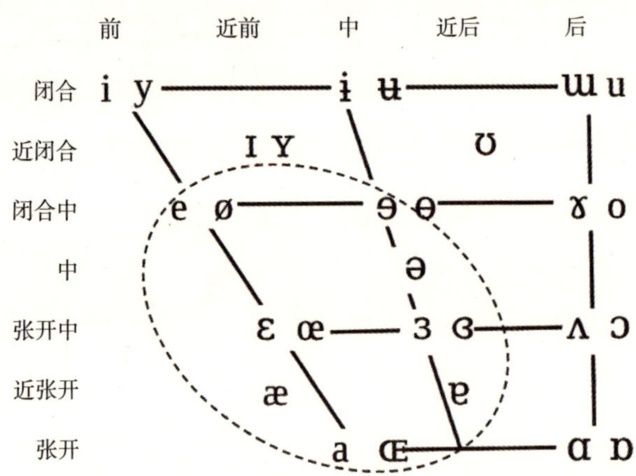

图 7-2 国际音标元音符号：圆圈内区域显示了31种语言中出现的意思是“Huh？”的单词发音。

我与语言学家马克·丁格曼斯（Mark Dingemanse）和弗朗西斯科·托雷拉都想知道这些单词在发音上有多相似。我们从 10 种语言的日常交谈录音中分离出单个“Huh？”的例子，以此来客观比较它们的声音。

为了了解所发现成果的本质，我们比较了两种语言：西班牙语和查帕拉语。西班牙语和查帕拉语中所有类似“Huh？”的单词都有一个位于图 7-2 圆圈内的元音，包括了像英语单词 bed、bad 和 bub 中的元音，不包括 bead、booed 和 board 中的元音。这使这些语言非常相似。但当我们放大这个圆圈并比较语言时，我们发现它们还是有明显的不同。

图 7-3 是图 7-2 中左下角的放大图。图 7-3a 和图 8-3b 中的每个点代表的是西班牙语和查帕拉语实例中每个“Huh？”所使用的元音。

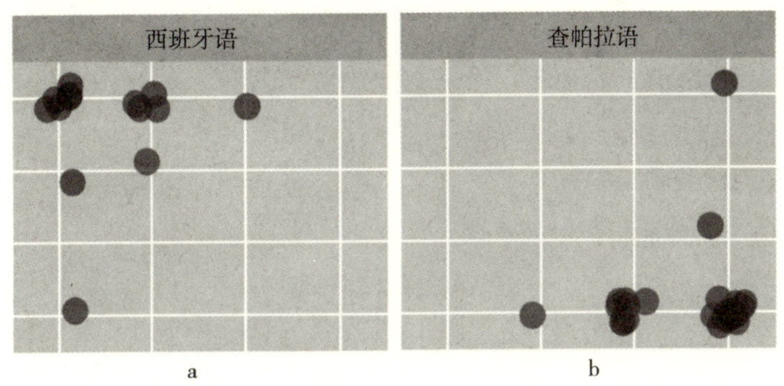

图 7-3　a和b比较了西班牙语和查帕拉语日常交谈中“Huh？”所用的元音。每个正方形代表着相同的“开放式”元音，每个黑点对应实例中每个“Huh？”声音的位置。

资料来源：Dingemanse, Torreira and Enfield, 2013: 4.

图 7-3a 显示出西班牙语中的“Huh？”大多数集中在与发音 e 对应的小区域内，与英语单词 bed 的元音押韵。图

7-3b 显示，查帕拉语中的“Huh？”倾向于在不同的位置发“a”音，与英语单词 cat 中听到的元音近似。这些元音的发音相差很大，英语中可以依据这个区别来区分 fed 和 fad，或是 wreck 和 rack。一些研究人员提出，像“Huh？”这样的感叹词并不是真的词语，而是某种咕哝声。但是，如果说“Huh？”只是一种类似动物般的惊讶信号，那么它就不应该在这些（尽管很微小）方面上有系统性的区别。西班牙语和查帕拉语中的“Huh？”所使用的元音相差很大，所以讲查帕拉语的人必须学会不同于讲西班牙语的人的方式来表达这个词。地方版本的“Huh？”是专门创造的语言。这是一个真正的词，被纳入当地的语言系统中，并不是咕哝。

如果说这个词的形式随所嵌入的语言系统而变化，这与它是通用的说法并不矛盾。所有的人类都能发出同样的元音。在图 7-3 中，我们看到“Huh？”总是与元音字母一起出现在可能性空间的角落里。图 7-4 也给出了同样的观点，这一次把平均点绘制在我们研究的 10 种语言中的每一种语言的“Huh？”上。

这里的语言之间有着显著的趋同。虽然这个词的确切发音点在每种语言中确实存在一些差异，但是这些语言中“Huh？”的元音所显示出的差异要比语言中其他词小得多。它从不落在元音空间或高或后的区域，总是在前面较低的区域。

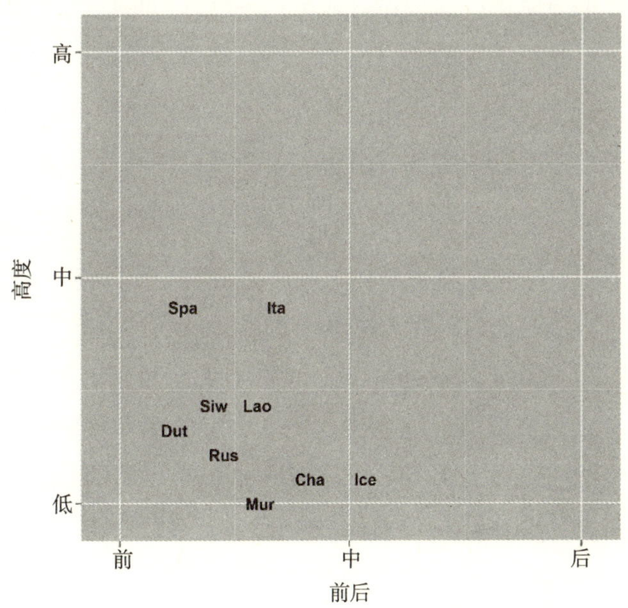

图 7-4　感叹词在元音空间中的平均位置。世界各国语言的元音库往往最大限度地利用元音空间。与此相反的是，“Huh？”的元音都集中在同一个下锋区。（缩写：Cha，查帕拉语；Dut，荷兰语：Ice，冰岛语；Ita，意大利语：Lao，老挝语；Mur，澳洲土著语：Rus，俄语：Siw，加纳语；Spa，西班牙语。）

资料来源：Dingemanse, Torreira and Enfield, 2013: 4.

我们说“Huh？”是通用的，是指迄今为止在我们研究过或听说过的所有语言中那个听起来像“Huh？”词所表达的意思相同。我们可能是错的，但因为我们所抽取的语言样本来自范围非常广泛的语言体系，所以我们相信这个词是通用的。以同语系（例如，俄语、意大利语、德语、法语、西班牙语和英语等印欧语系的语言）为基础的通用语言是不具有参考价值的。因为这些语言有一个共同的祖先，这个“通用”的特征是历史上的罕见创新，就发生在这个祖先语言中，所有现代的后代不过是从同来源继承了它。19 世纪英国生物学家弗朗西斯·高尔顿（Francis Golton）爵士在他对人类学家爱德华·泰勒（Edward Tylor）的评论中指出了这个问题，他坚持认为需要确保样本中的个体是独立的。在语言学中，这意味着如果我们要宣称某件事是普遍的，那么最好用尽可能多的语系样本来进行验证。

在我们的研究中，总共收集了 16 个不同语系的 31 种语言的数据。这个样本只是世界语言的一小部分，但实际上，这种样本足以伪证很多声称的普遍性。如果“Huh？”不是如我们所说的那么普遍，那么 31 种语言中至少有一种没有它的概率就非常高。

通用词“Huh？”

一个通用词的发现不是语言学已知常识所能预见的。一个世纪以前，瑞士语言学家和符号学家费迪南·德·索绪尔（Ferdinand de Saussure）创立了符号任意性学说。他举的例子就是“tree”（树）这个词。这个符号有两部分，其中一部分是声音，在他的例子中，这就是当我们发“tree”这个词时的声音。另一部分是概念，就像当我们听到有人说“tree”时所能想到的事物。符号的任意性是指声音与概念之间的联系。索绪尔以为，这种联系完全是随意的，是一种语言历史偶然的结果。英语中的“tree”这个词有那样的发音，是没有任何意义的。基本上，相同的概念在其他语言中是完全不同的发音，比如，德语中的baum，泰语中的ton-mai，亚马孙语中的kaspi，等等。

与这条规则明显例外的是模仿性词语或是拟声词，但它们在不同语言中并不如你期待的那么相似。这些词是随机发音的，因为它们在不同的语言中可能有很大的不同。但它们是由动机驱动的，当你学会这个词，就会立即看到发音和概念之间的合理联系。

此外，更微妙的情况是发音以积极的方式与意义相联系。以下是两个老掉语的例子。如果你ah嘴，意味着把嘴张开很宽（说ah!），如果你mim嘴，意思就是紧闭嘴巴。这些单词的声音通过发音所需的动作与词语含义相联系。出于这种原因，不相关的语言有时也会有意思相近的近声词。如果在并不相关的语言中的一个词有惊人的相似之处，那可能是因为语言这种形式具有相同的独立进化动机。

沿着这些思路，我们认为“Huh？”是趋同进化的产物。这个术语是指在不同种类中相似结构的独立进化。例如，海豚已经独立进化出与鲨鱼非常相似的体形，并进化出了近似蝙蝠的回声定位系统。当两个物种以相似的方式来应对相似的环境压力时，就会发生趋同进化。

不同语言的中“Huh？”都有类似的形式，因为相同的条件会导致所有语言中产生类似于“Huh？”这样的词。在交谈的过程中，人们需要确保在他们没有理解对方话语的时候，让对方知道。正如我们在前几章中了解到的，在交谈中时间过得很快，一个人发出疑问信号的机会可能一闪而过。在这种情况下，你需要一个快速且容易发出的音节，“Huh？”就是这样的音节。在一个人舌头处于放松状态时，特殊的元音“Huh？”就是所有语言中最容易发出的元音。

想一想一个人在交谈时所处的环境。第一，人们有能力在短跑运动员对发令枪声做出反应的瞬间按照期待回应别人的话。第二，有一种社会倾向就是不要求别人返回修复从而阻碍交谈的进行，甚至最好避免发起修复。第三，确保达成共识的问题不会因还没解决而略过。

理想状态下，在交谈中，一个人能聆听并理解别人说的一切，这些倾向不会发生冲突。但当一个人发现他们没有听到或没能理解别人刚刚说的话时，就会陷入两难境地。时间过得很快，为了避免中止交谈，一个人可能首先要努力处理或修复他们所听到的内容。但每过一毫秒，任何延迟回应都会增加适得其反的风险。正如我们在第 3 章中看到的，延迟会被解释为对刚才说的话的消极反应，而不仅是简单地表示没有回应能力。

一旦延迟时间过长，尤其是当超过 600 毫秒，缓慢进入到 1 秒后，就要求听者更快行动。思考的过程是这样的：“我试着去解决这个问题，但在我所用的时间内失败了；现在时间迟了，另一个人要么继续说下去，不知道我没听懂，要么认为我对他们说的话不满意，现在我要快速发出个信号。”基于此，听者需要以尽可能快的速度和最少的精力发出一个能够识别的标志。我们最好用 600 毫秒的时间来完成识别这个特定单词的心理过程，并通过特定的运行步骤来表达这个词。“Huh？”的优点在于它只需要最低限度的运动规划和执行，在舌头处于中立和放松的状态时，嘴巴微微张开，仅用一点儿力气发出的声音就是“Huh？”。

事实上，“Huh？”可以用最少的延迟说出来，但并不意味着会比其他类型的回应更快。对英语的研究表明，平均在延迟 835 毫秒后才能听到“Huh？”，远远晚于平均 200 毫秒的过渡轮换，甚至晚于需要平均延迟 726 毫秒的强修复发起方式。“Huh？”既容易产生又容易延迟的原因之一是说话者通常会花时间尝试解决或重新组织他们听到的话。如果没能做到这一点，即使是非常短的一段时间，他们仍会被滞留到 1 秒提示窗口的最后区域。迟做总好过不做！

我们对趋同进化的主张是，采用相同的解决方案来应对所有的语言，因为它们都有一个共同的环境：一种高速向前供给的轮换系统，参与者都要对进度负责。不同语言的“Huh？”听起来一样，是因为特定的声音才最适合此词的通用功能：需要尽可能快速且简单地发出信号。

当我们把“Huh？”视为人类语言中的一个通用词时，人们偏爱它的讽刺意味：文化所共有的少数之一就是误解和困惑的迹象。但“Huh？”并不代表普遍困惑，反而代表普通的合作。

这一个小小的词，就像它运作的轮换系统一样，暗示着一种交谈的道德架构。只有当你认为对方会配合时，这个词才有意义，你可以支持和重复他们所说的话来帮助你继续下去。这是可能的，因为交谈涉及共同的承诺，以及随之而来的人际责任。这也就解释了为什么就算其他生物的通信系统也复杂，但没有“Huh？”或类似的内容。如果通信信号的复杂性是关键，那么没有其他动物会说“Huh？”会令人感到惊讶。这个词没有人类语言定义的复杂语法结构，事实上，它根本没有语法结构，但这不是让“Huh？”成为可能的原因。只有像语言这种高度灵活的系统，拥有高度协作的对象，才有可能要求并提供可靠且随时可用的备份机制来支持主体间性。

HOW WE TALK

The inner workings of conversation

结论

人类的语言能力

在人类语言能力的研究方面，我们即将迎来一场全面的科学革命。为了顺利完成这场革命，新一代的语言研究者必须在两种截然不同的思想之间架起跨越鸿沟的桥梁。一方面是我们对会话机的理解，即没有明确形式的人类社会认知和互动，就没有语言的能力。另一方面，语言是一种私人的、有特定信息操作目的的计算系统。

这些有关语言本质的观点引出了关于人类语言能力的长期争论。人类具有一种其他物种不具备的天生能力，促使婴儿能够在短短几年内，在没有正式指导的情况下学会他们接触过的语言。

人类的语言能力

语言科学家从两种意义上描述了这种能力，我们可以称之为广义和狭义：

意义 1. 人类的语言能力（广义上）：

> 人类所具备的某种能够让语言只存在人类这个物种中。

意义 2. 人类的语言能力（狭义上）：

> 人类所具备的某种能够让语言只存在人类这个物种中，这就是天生的语言知识。

意义 1 是一条公理。我们知道这一说法是正确的，为研究确定是什么类型的能力留有余地。意义 2 是具体的假设，有时被称为通用语法。

诺姆·乔姆斯基和他的同事早就提出，人们对语言规则有着与生俱来的感知。结构依赖规则提出语法是参照语法短语而不是单词来定义的。依据此规则，我们可以把“John ran away”改为“Away ran John”，这就像是颠倒了单词的顺序，但这条规则不能被称为“颠倒单词的顺序”。我们之所以知道这一点，是因为不可能把“The boy ran away”改为“Away ran the boy”，规则必须是指更高层次的结构，例如语法短语（the boy）。

再来看看邻接原则，它限制了句子中哪些部分可以移动。如果我说“He bought a green shirt”，你可以用“What”代替“a green shirt”，然后把它移到句子的开头构成一个问句：“What did he buy？”邻接原则限制你只能移动短语的一部分。英语语法规则不会让你说出“What did he buy a green”这样的句子。

最后一个例子是递归，当一个过程的输出被用作再次运行相同过程的输入时，产生了理论上无限长的新结构。“He knew it”这句话可以通过插入“Mary was a lawyer”来展开，于是我们得到“He knew Mary was a lawyer”。这句话又可以嵌入新的句子“Bill said he knew Mary was a lawyer”；“Kim thought Bill said he knew Mary was a lawyer”，等等。

这三种形式的规则往往被当作语言能力必须由与生俱来的知识构成的证据，而这些知识在本质上是语言学的。不过许多语言学家却持不同观点，认为语言没有与生俱来的知识。许多人认为，我们对语言的认识完全是根据经验建立起来的，而上面提到的三种规则是由非语言特有的心理能力形成的。

这些能力除了学习和处理语言之外，还具有认知和行为功能，例如一般统计学习、意象思维和隐喻。包括阿黛尔·戈德伯格（Adele Goldberg）、琼·拜比（Joan Bybee）和伊娃·东布罗夫斯卡（Ewa Dabrowska）在内的语言学家利用这些想法来解释人们如何学习和使用语言，而不必依赖先天语言知识。按照这种观点，人类的语言能力就像下棋的能力一样。人类是唯一会下棋的动物，但我们并不是生下来就会下棋的。

过去30年，语言学家就这些关于语言能力的观点哪些是正确的，哪些是错误的争论不休。这些争论使我们在语言理解方面取得了一些突破，但是因为争论双方都对语言和认知这两个关键概念使用了同样狭隘的定义，也就强化了主流研究中的大部分盲点。“语言”主要是指单词、短语和句子的结构性质，而“认知”主要是指单词、短语和句子在大脑中的抽象结构。很多语言学家把重点放在短语内部的语言结构上，但很少关注短语之间作为交谈或更大范围语境内的关系。他们还研究了信息在个人脑海里是如何传达的，而不是合作使用语言时社会认知所扮演的角色。

为了查看这些语言工作时包含了哪些内容，让我们最后看一看前面关于迪珀特的例子（这里是原始记录的轮换时间，以毫秒为单位）：

1. A：迪珀特也在那里。

2.（160 毫秒）

3. B：嗯?

4.（140 毫秒）

5. A：迪珀特也在那里。

6.（400 毫秒）

7. B：哦，是吗?

任何受过标准语言学核心训练的人看到这个例子，都会注意到第 1 条、第 5 条和第 7 条中复杂的语法结构。他们会用专业术语来描述这些词，例如状语补语和倒装。他们注意到，任何关于人类语言能力的理论都必须解释为什么这些内容在英语中是正确的，以及英语结构如何与其他语言相似结构对比。但关于第 3 条或者交谈双方每一次轮换的精准间隔（第 2、第 3、第 6 条）或者总体结构顺序，他们几乎都没什么可说的。

语言学家可能会说，交谈的这些方面仅仅是表现特征，并不是真正的语言。正如乔姆斯基所说，它们代表了语言使用的“无关条件”，或者仅仅是交流的一般特征。首先，我们在这本书中看到，交谈的运作方式既不是非结构化的，也不是与语言无关的。轮换和修复同样需要缜密的分析和解释，丝毫不亚于短语和句子的专业结构。其次，如果轮换和修复是独立于语言的一般交流原则，那么我们就应该能在非人类交流中看到相同的特征，但并没有。动物之间的交流可能是复杂的，但不能表现出人类交谈的决定性特征：精细的合作、修复机制和交流信号。

“Huh？”这个词就是个很好的例子。没有其他动物会说“Huh？”，其他动物都没有一套专门的交流系统，去吸引其中一方注意所听到或所理解的问题，再利用系统修复自己，并在道德上迫使对方后退、重复或是进行转述。这并非因为“Huh？”本质上复杂，而是因为语言使用具有其独特的合作性质，并结合组织自由对话的普遍信息规则。人们在道德上对此负有责任。只有当参与者意识到规则并准备调用时，才会有“Huh？”这样的信号。任何人类语言能力的解释都需要如此。语言能力必须包含会话机的社会认知框架。

语言能力的社会基础

几十年来，有关人类语言能力的争论一直是认知科学的核心。但对研究范围的自我限制，阻碍了将解决人类语言构建核心问题的努力。交谈的内在运作既是语言的决定性因素，又是人类所特有的。同时，正如我们在这本书中所看到的，交谈是语言中诸多非凡而独特的人类方面的发现。因此，语言科学需要解析它们。但到目前为止，我们不得不把目光投向语言学之外去寻求对语言能力社会基础的关注。

自 20 世纪 90 年代初以来，灵长类动物学家和进化心理学家罗宾·邓巴（Robin Dunbar）[①]一直致力于研究人类语言是如何进化的，他强调高阶社会智能在激烈的大群体社会生活中所扮演的角色。邓巴注意到，在许多社会物种中，个体建立联盟是为了保护彼此免受群体内部的威胁或是控制共享资源。每个个体都必须有办法表明自己在群体内的从属关系，我们需要知道谁是谁的朋友。在许多灵长类物种中，比如在邓巴工作过的埃塞俄比亚高地的狒狒，需要通过个体梳妆来知道哪个灵长类动物有许多朋友。具有社会关联的狒狒在一起时，会抓对方的头发或抚摸对方的皮肤，这种行为只是偶然地清理皮肤上的碎屑，它真正的功能是创造社会联系的纽带。考虑到时间有限，任何花在梳妆身上的时间都不能用来给他人梳妆。梳妆会释放出勾起愉悦感的内啡肽，这就是梳妆者之间人际约定的公开信号。当群体中的每个人都知道谁在为谁梳妆，那么每个人都会知道，谁会在一场战斗中保护谁。

① 罗宾·邓巴的著作《最好的亲密关系》《人类的算法》《社群的进化》《大局观从何而来》中文简体字版已由湛庐文化引进，由四川人民出版社于 2019 年出版。——编者注

邓巴提出，鉴于人类社会群体如此庞大，语言发展成为一种更有效地替代身体修饰的方法。他观察到，人类的语言大多不是用来交流实际的信息，而是用来社交八卦的。我们用语言分享意见和感情，然后依此建立人际关系。

虽然邓巴的研究在进化心理学领域产生了一定的影响，但在语言学中，他的观点大多忽视或否定。因对语言的天真观念，邓巴受到语言学家的指责。语言学家詹姆斯·赫福德（James Hurford）虽然同情邓巴，却提出了一个共同的批判：这一论点没有提到人类语言复杂的语法结构。

迈克尔·托马塞洛（Michael Tomasello）也是灵长类动物学家和进化心理学家，他一直致力于解决这一批判。和邓巴一样，托马塞洛也提出了一种语言能力理论，该理论侧重于语言能力与社会认知和社会互动的关系。他的设想不仅基于人类与其他物种的比较，而且基于对正在学习第一语言的幼儿进行实验。托马塞洛在他的《人类沟通的起源》（*Origins of Human Communication*）一书中指出，语言的社会功能与语法的具体复杂程度有关。他的理论把语言在交际中的功能分为三类：请求物品和服务，告知他人事件和情况，分享经验和观点。

托马塞洛认为相对简单的语法就足以实现请求物品或服务的社会功能。简单的请求主要是关于此时此地存在的物体和个人。通常情况下，只需指出或简单地使用表示所请求的物体的单词就可以完成请求。

下一层次的社会功能就是告诉人们事情的信息。这个功能以亲社会动机为前提，也就是通过向他人提供信息来帮助他人的意愿。同时还需要托马塞洛所称的“严肃语法”。当我们将事情和情况告知他人时，需要语言结构来指出发生在不同地点和时间的事情，还有语境中涉及的此刻不在的人和物。

最后，还有我们为了建立和维持社会关系所做的，分享经验和观点的社会功能，例如，向他人叙述故事。这个一般功能要求使用托马塞洛所称的“高级语法”，以及更复杂的语言结构来确保贯穿整个叙事中人与场景之间的关系。故事所需要的语言手段还包括许多对话的运作方式，比如我们在第4章中看到的交谈开始和结束的叙述方法。这些与托马塞洛所提到的高级语法一样，对于分享经验和观点的社会功能来说非常重要。

托马塞洛的理论提出，人们在互动中的社交动机与所有必须履行语法的语言功能之间存在着直接联系。托马塞洛在将语法结构纳入语言能力的社会理论方面这一点比邓巴做得更好，但他对于“简单”“严肃”和“高级”语法的区分仍然过于模糊，无法满足大多数想要解析世界语言语法运作方式的语言学家的要求。要确信语言能力是构建在社会语境基础上的，语言学家希望看到它与语法之间更明确的联系。

在认知科学家莫滕·克里斯蒂安森（Morten Christiansen）和尼克·查特（Nick Chater）的新提议中可以找到如何继续前进的线索，他们有力地驳斥了乔姆斯基关于先天语言知识的主张，认为鉴于我们对人类心理学的了解，这一说法是不可信的。根据其他研究，他们表明语言能力可以从语言的直接经验中得来，结合普遍机制的认知加工和统计学习原则。

他们争论的一个关键部分是语言就像生物物种一样，是进化的实体。正如每一种生物物种都是迫于环境的压力而改变一样，每一种语言也是如此。问题在于我们如何理解“环境”这个词。对于克里斯蒂安森和查特来说，语言结构的历史演变环境是人类的大脑。从语言的角度来考虑，当学习和使用语言时，必须一次又一次地经过使用者的大脑。语言必须适应大脑的特性：更易学习、处理和记忆的结构更有可能进化并存活。

但鉴于我们在这本书中看到的，这可能只是语言的一部分。人类大脑的私人领域只是语言不得不生存的一个环境。语言学家们现在需要探索一种观点，即语言不仅适应人类大脑私人领域的重复活动，还能适应公开交谈领域的反复活动。

这与乔姆斯基语言学中认为只能在潜在的抽象规则中找到语言根源的观点截然不同。包括桑迪·汤普森（Sandy Thompson）、塞西莉亚·福特（Cecilia Ford）、芭芭拉·福克斯（Barbara Fox）和伊丽莎白·库珀-库伦（Elizabeth Couper-Kuhlen）在内的跨国语言学家都一直在改变这种想法。他们认为，交谈的运作方式，比如轮换和修复，是语法塑造而成的。肖恩·罗伯茨（Sean Roberts）和斯蒂芬·莱文森尝试利用计算模型探索这一想法，来理解语法如何适应交谈轮换系统的压力。下一代研究人员要面临的挑战是，针对各种不同结构的语言来测试这些想法，并对交谈中语法的因果影响提出明确的解释。让人困惑的是，复杂的语法是如何从交谈中反复使用的语言中产生的。

语言的时间轴

理解语法是如何从交谈压力中产生的关键一步是认识到语言是同时在多个时间轴上运行的。如果我们想要了解语言是如何被其环境所塑造的，就必须研究这种塑造是如何在同一时间上以不同速度发生的。语言学家很早就知道了历经时间的长河或历史的时间轴，语言在几十年和几个世纪中逐渐发生变化。语言历史变迁的环境是人类种群和语言创新与变化传播的动态过程。

语言的另一个衡量标尺是微观时间刻度，即人类思维的时间轴。在微观时间刻度上，人的大脑和心智的特性在语言的形成过程中起着重要的作用，例如通过认知加工和记忆的经济学原理。

在个体发育的时间轴上，人类生命的尺度，我们学习一门语言的方式，尤其是在生命最初的几年，会影响我们在头脑中处理和组织语言的方式。许多研究人员已经开始探索这三个时间轴如何联系在一起的，以及这些联系如何帮助我们了解语言的全部潜在成因。这项研究表明，如果研究人员忽略这些时间轴中的任何一个，我们将无法彻底理解语言为什么是这样的。对于语言的塑造，每个尺度都发挥了自己的环境压力。

但是，在全面解释语言为什么是这样的过程里还有另一个无法完全解释的时间轴，这就是我们在这本书中所关注的，也就是长期时间轴，在这个时间轴中人类交谈运作，在轮换交谈中一步接着一步推进，在合作框架内相互执行权利和义务。在长期时间轴中，语言的形成环境是高压轮换领域，带有 1 秒的敏锐窗口。在这一环境下，人们必须在结束后紧跟其后的另一个轮次开始之前，在仅有的几毫秒的时间内规划自己的轮换。这取决于你是想保持镇定还是得到对方的回应，取决于你是否想或多或少地表现出与其他人的联系，你需要在脑海里设计好自己的话语。

与语言结构的关联是直接的。为了设计交谈的轮换，我们需要自己所说语言的特定语法结构和声音结构的原始材料。虽然所有人都拥有相同的基本交谈构建能力，但要真正运行会话机，我们需要移动所提供的具体语言的一些部分。从这个角度来看，语言之间的语法差异，从动词在从句中的位置，到语法是否采用案例标记系统还是动词协议系统，都可能对如何组织和执行轮换、修复和其他对话运行方式产生真正的影响。

虽然所谓的互动语言学的一个专门领域正在探索这个问题，但语法和交谈的直接关系对于主流语言学来说还是一个未知的领域。互动语言学家在语法研究中的一个重要转变是把焦点从句子转移到其他方面，包括组成交谈轮换中的小碎片。正如我们在第 2 章中所看到的，倾听对话的人如果能够事先知道哪一段话语可能是轮换的最后一部分，那么他们就可以在对话时准确地计时自己的发言。为了做到这一点，人们同时利用一系列可用信息，包括语法结构单位（如短语），以及韵律线索（如重音或某些拖长音节）。尽管还需要进行大量的研究才能正确描述和理解这些单位，但斯蒂芬·莱文森指出，正确的描述“必须允许每个单元的结尾具有可投射性或可预见性，因为只有这样，才能解释说话人轮换瞬间能够经常发生巧合”。

句子作为语言结构标准单位的另一个重要转变是更多地关注较大顺序的结构，比如我们在第 4 章中看到的。更高层次的交谈方向不仅揭示了语言结构一些不为人知的方面，还指出了交谈时所运用的社会人际约定。当研究人员把注意力从语言的书面形式转移到语法后，我们不仅开始将语法当作表达意思的工具，或者只是构造信息的工具，而是当作组织社会互动和生活的工具。

我曾经提出，若将两个相悖的观点结合在一起，语言科学会发生巨大的转变：第一，语言依赖于一种独特的人类会话机；第二，语言是一个根据信息操作的个人计算系统。当然，如果这些想法中只有一个是正确的，也就不可能构建起关联，其实这就是乔姆斯基的观点。乔姆斯基和他的同事认为，人类的语言能力与社会互动没有关系，语言只是偶然地对社会互动起作用。用他们的话来说就是语言可以用来交流，但特有的功能很大程度上与其无关的。这种激进的观点之所以站不住脚，是因为它否认了有迹可循的会话机的存在及其内部工作原理。

一个在语言学家中更为普遍且相对温和的观点是认为刚才提到的两种观点本身都是有效的研究领域，但碰巧它们没有任何关系。因此，能够把词汇和语法短语安然地分开进行对话轮次的功能性研究，是迄今为止的大胆实践。

但事实比这更有趣。如果我们认识到语言既是一个计算系统，又是一个用于沟通和社会活动的工具，那么我们便可以探究语言在这两个方面之间的关系。这就开辟了人类语言能力研究的新领域。

我在这本书中阐述的研究表明，虽然语言在许多方面是不同的，但它们是由相同的社会互动基础构建、相同的人类会话机所支撑的。会话机的运转是基于语言结构、社会认知和互动环境的基本性质。

会话机有三个元素值得特别注意。第一，人类能够致力于社会项目，并对彼此约定负责。一旦语言没有人际规则，交谈也就不会发生。第二，人类语言让我们用自己的话语进行交谈。一旦没有语言的这种反射能力，我们就无法注意到说过的话，也就无法指出哪里违反了交谈规则或哪里有需要修复的问题。第三，在互动的过程中，人们将每一步解读为与它之前的步骤和接下来的步骤都具有关联。这种关联性原则提供了一种黏合剂。此外，这个原则意味着我们需要确保所说的话是呈线性的，这样我们才能知道对应的回应是什么。

综上所述，会话机的这三个核心元素为会话机出现更具体的特性提供了条件。例如，"一段时间一个内容"规则和"一秒"规则依次从相关性和人际承诺原则里产生。由于语言的反身性，再加上人际承诺，所以交谈中被动修复的共通原则是可能的。

如果我们想要真正理解人类的语言能力，语言科学家们还有很多工作要做。必须继续对语言语法的复杂性进行实地研究，收集世界语言结构的数据，并继续专注于测试人类语言多样性的程度和限度。更迫切的是，对世界各地完全不同的语言之间的交谈方式进行同样深入的研究：工作原理是什么，它们是什么样子的，它们在多大程度上因语言和文化的不同而不同？

脱离世界各地人们日常交谈的证据，我们是不可能学习到现在所了解关于交谈内部运作的知识的。如果我们没有像生物学家一样进入这个领域去找出所研究的“怪兽”的真实面目，就不可能得出有关“Huh？”这个通用词的惊人发现。有时，我们在交谈中看到的内容似乎处于语言的边缘，而不是像动词、主语和谓语、语义还是句法那么“核心”的内容。但事实可能正好相反，可能就是一个简单的“Huh？”却最接近人类语言能力的核心。

致 谢

2000 年到 2014 年间，我与许多同事合作，在马克斯·普朗克心理语言学研究所的语言认知小组从事社会互动方面的研究，也是从那时起，我开始在悉尼大学工作。在这里，我特别感谢研究所“多模式互动”研究项目组的成员，尤其是斯蒂芬·莱文森、保罗·科克尔曼（Paul Kockelman）、比尔·汉克斯（Bill Hanks）、伊曼纽尔·谢格洛夫、赫伯特·克拉克、伊丽莎白·库珀－库伦、保罗·德鲁、约翰·赫里蒂奇（John Heritage）、马克·丁格曼斯、露丝·帕里（Ruth Parry）、肖恩·罗伯茨、J.P. 德鲁伊特、杰克·西德内尔（Jack Sidnell）和塔尼娅·斯蒂弗斯。

同时，我也感谢我所有的合作者们，他们的意见和建议都被我用在了这本书的写作中，他们是：朱莉娅·巴拉诺娃（Julija Baranova）、乔·布莱斯（Joe Blythe）、彭妮·布朗

（Penny Brown）、马克·丁格曼斯、蒂科·德克斯梅耶（Tyko Dirksmeyer）、保罗·德鲁、克里斯蒂娜·恩格勒特（Christina Englert）、西梅昂·弗洛伊德（Simeon Floyd）、桑雅·吉珀（Sonja Gipper）、罗莎·吉斯拉多蒂尔（Rosa Gisladottir）、特赖因·海涅曼（Trine Heinemann）、格蒂·霍曼（Gertie Hoymann）、科宾·肯德里克、斯蒂芬·莱文森、莉拉·玛格丽（Lilla Magyari）、伊丽莎白·曼里克（Elizabeth Manrique）、肖恩·罗伯茨、费德里科·罗萨诺、乔凡尼·罗西（Giovanni Rossi）、莉拉·圣罗克（Lila San Roque）和弗朗西斯科·托雷拉。

在数据处理和准备文稿方面，我要感谢阿西夫·加赞法（Asif Ghazanfar）、费利西亚·罗伯茨（Felicia Roberts）、肖恩·罗伯茨、J.P. 德鲁伊特、塔尼娅·斯蒂弗斯、弗朗西斯科·托雷拉、古斯·惠勒（Gus Wheeler）和乔治亚·卡尔（Georgia Carr）。

我还要感谢那些乐意阅读部分和全部手稿，对我不吝赐教的人：费利西亚·罗伯茨、玛格丽特·恩菲尔德（Margaret Enfield）、丹·埃弗里特（Dan Everett）、雨果·梅西耶（Hugo Mercier）、露丝·帕里、J.P. 德鲁伊特、塔尼娅·斯蒂弗斯、安娜·瓦塔宁（Anna Vatanen）、萨曼莎·威廉斯（Samantha Williams）、赫莲・巴特霍米（Hélène Bartholemy）和 T. J. 凯莱赫（T. J. Kelleher）。

我要特别感谢我的经纪人卡廷卡・马特森（Katinka Matson）和麦克斯・布罗克曼（Max Brockman）。如果没有卡廷卡・马特森的不吝赐教、支持和令人难忘的建议，就没有这本书。我还要感谢保罗・布鲁姆（Paul Bloom）在本书撰写的初期给我的建议：我希望我更早注意到这一点。

同时，一如往昔，感谢我的家人，娜、尼萨和农尼卡长久以来给予我的爱和支持。

我把这本书献给我的同事和导师斯蒂芬・莱文森。如果没有他长久以来的鼓励和慷慨支持，本书中所讨论的许多工作也就无法完成。

参考文献

Anderson, Stephen R. 2004. *Doctor Dolittle's Delusion*. New Haven: Yale University Press.

Ansaldo, Umberto, and N. J. Enfield, eds. 2016. *Is the Language Faculty Nonlinguistic?* Lausanne, Switzerland: Frontiers Media.

Atkinson, J. Maxwell, and Paul Drew. 1979. *Order in Court*. Atlantic Highlands, NJ: Humanities Press.

Bamber, Donald.1969. "Reaction Times and Error Rates for 'Same'- 'Different' Judgements of Multidimensional Stimuli." *Perception and Psycholinguistics* 6 (3): 167-174.

Bangerter, Adrian, and Herbert H. Clark. 2003. "Navigating Joint Projects with Dialogue." *Cognitive Science* 27: 195-225.

Bavelas, Janet, Linda Coates, and Trudy Johnson. 2000."Listeners as Co-Narrators." *Journal of Personality and Social Psychology* 78 (6): 941-952.

Beach, Wayne A. (1996). *Conversations About Illness: Family Preoccupations with Bulimia*. Mahwah, NJ: Erlbaum.

Beattie, Geoffrey, Anne Cutler, and Mark Pearson. 1982. "Why Is Mrs. Thatcher Interrupted So Often? " *Nature* 300: 744-747.

Bindra, Dalbir, Don C. Donderi, and Shizuhiko Nishisato. 1968. "Decision Latencies of 'Same' and 'Different' Judgements." *Perception and Psychophysics* 3: 121-136.

Blakemore, Diane. 1987. *Semantic Constraints on Relevance.* Oxford: Blackwell.

Bloomfield, Leonard. 1933. *Language*. New York: Holt.

Bögels, Sara, and Francisco Torreira. 2015. "Listeners Use Intonational Phrase Boundaries to Project Turn Ends in Spoken Interaction." *Journal of*

Pbonetics 52: 46-57.

Bolden, Galina B. 2006. "Little Words That Matter. Discourse Markers 'So' and 'Oh' and the Doing of Other-Attentiveness in Social Interaction." *Journal of Communication* 56: 661-688.

Bolhuis, Johan J., Ian Tattersall, Noam Chomsky, and Robert C. Berwick. 2014. "How Could Language Have Evolved?" *PLoS Biology* 12 (8). doi: 10. 1371 / journal. pbio. 1001934.

Bybee, Joan. 2010. *Language, Usage and Cognition*. Cambridge: Cambridge University Press.

Chafe, Wallace. I994. *Discourse, Consciousness, and Time: The Flow and Displacement of Conscious Experience in Speakingand Writing*. Chicago: University of Chicago Press.

Chomsky, Noam A. 1965. *Aspects of the Theory of Syntax*. Cambridge: MIT Press.

Chomsky, Noam A. 2011. "Language and Other Cognitive Systems: What Is Special About Language?" *Language Learning and Development* 7 (4): 263-278. doi: 10. 1080 / 1547544I. 2011. 584041.

Chomsky, Noam A. 2012. *The Science of Language*. Cambridge: Cambridge University Press.

Christiansen, Morten H., and Nick Chater. 2008. "Language as Shaped by the Brain." *Bebavioral and Brain Scienes* 31 (5) : 489-509.

Crsiansen, Morten H., and Nick Chater. 2016. *Creating Language: Integrating Evolution, Acquisition, and Processing*. Cambridge: MIT Press.

Clark, Andy. 1997. *Being There: Putting Brain, Body, and World Together Again*. Cambridge: MIT Press.

Clark, Herbert H. 1979. "Responding to Idiec Speech Acts." *Cognitive Psychology* 11: 430-477.

Clark, Herbert H. 1994. "Discourse in Production." In *Handbook of Psycholinguistics*, edited by M. A. Gernsbacher, 985-1021. San Diego: Academic Press.

Clark, Herbert H. 1996. *Using Language*. Cambridge: Cambridge University Press.

Clark, Herbert H., and Jean E. Fox Tree. 2002. "Using Uh and Um in Spontaneous Speaking." *Cognition* 84: 73-111.

Clark, Herbert H., and E. F. Schaefer. 1987. "Contributing to Discourse." *Cognitive Science* 13: 259 294.

Clayman, Steven. 2013. "Turn-Constructional Units and the Transition-Relevance

Place." In *The Handbook of Conversation Analysis*, edited by Jack Sidnell and Tanya Stivers, 150-166. Hoboken, NJ: Blackwell.

Clayman, Steven, and John Heritage. 2002. *The News Interview: Junalits and Public Figures on the Air*. New York: Cambridge University Press.

Clif, Rebcc.2016. *Coersration Analysi*. New York: Cambridge University Press.

Croft, William. 2001. *Radiad Construction Grammar: Syntactic Theory in Typological Perspective*. Oxford: Oxford University Press.

Dabrowska, Ewa. 2004. *Language, Mind and Brain: Some Psychological and Neurological Constraint on Theories of Grammar*. Edinburgh: Edinburgh Uiversty, Press.

Darwin, Charles. 1890. *The Formation of Vegetable Mould Through the Action of Worms, with Observations on Their Habit*. New York: Appleton.

de Ruiter, Jan Peter, Holger Mitterer, and N. J. Enfield. 2006. "Projecting the End of a Speaker's Turn: A Cognitive Cornerstone of Conversation." *Language* 82 (3): 515-535.

Dingemanse, Mark. 2015. "Other-Initated Repair in Siwu." *Open Linguistics* 1: 232-255. doi: 10. 1515 / opli-2015-0001.

Dingemanse, Mark, and N. J. Enfield. 2015. "Other-Initiated Repair Across Languages: Towards a Typology of Conversational Structures." *Open Linguistics* 1: 96-118. doi: 10. 2478 / opli-2014-0007.

Dingemanse, Mark, Scan G. Roberts, Julija Baranova, Joe Blythe, Paul Drew, Simeon Floyd, Rosa S. Gisladottir, et al. 2015. "Universal Principles in the Repair of Communication Problems." *PLoS ONE* 10 (9): e0136100. doi: 10. 1371 / journal. pone. 0136100.

Dingemanse, Mark, Francisco Torreira, and N. J. Enfield. 2013. "Is 'Huh?' a Universal Word? Conversational Infrastructure and the Convergent Evolution of Linguistic Items." *PLoS ONE* 8 (11): e78273. doi: 10. 1371 / journal. pone. 0078273.

Dixon, R. M. W.2004. "Adjective Classes in Typological Perspective." In *Adjective Classes: A Cross-Linguistic Typology*, edited by R. M. W. Dixon and Alexandra Y. Aikhenvald, 1-49. Oxford: Oxford University Press.

Dor, Daniel.2015. *The Istruction of Imagination: Language as a Social Communication Technology*. Oxford: Oxford University Press.

Dor, Daniel, Chris Knight, and J. Lewis, eds. 2014. *The Social Origins of Language: Studies in the Evolution of Language.* Oxford: Oxford Uiversty Press.

Drew, Paul. 1997. "Open' Class Repair Initiators in Response to Sequential

Sources of Trouble in Conversation." *Journal of Pragmatics* 28: 69-101.

Dunbar, Robin I. M. 1993. "Coevolution of Neocortical Size, Group Size, and Language in Humans." *Behavioral and Brain Sciences* 16: 681-735.

Dunbar, Robin I. M. 1996. *Grooming, Gossip and the Evolution of Language*. London: Faber and Faber.

Duncan, Starkey. 1974. "On the Structure of Speaker-Auditor Interaction During Speaking Turns." *Language in Society* 3 (2): 161-180.

Duncan, Starkey, and G. Niederche. 1974. "On Signalling That It's Your Turn to Speak." *Journal of Experimental Social Psychology* 10 (3): 234-247.

Egeth, Howard. 1966. "Parallel Versus Serial Processes in Multidimensional Stimulus Discrimination." *Perception and Psychophysics* 1: 245-252.

Enfield, N. J. 2008. "Language as Shaped by Social Interaction [Commentary on Christiansen and Chater]." *Behavioral and Brain Sciences* 31 (5): 519-520. doi: 10. 1017 / S0140525X08005104.

Enfield, N. J. 2013. *Relationship Thinking: Agency, Enchrony, and Human Sociality*. New York: Oxford Uiversity Prss.

Enfield, N. J. 2014. *Natural Causes of Language Frame, Biases, and Cultural Transmission*. Berlin: Language Science Press.

Enfield, N. J. 2015a. "A Science of Language Should Deal Only with 'Competence.'" In *This Idea Must Die: Scinife Theories That Are Blocking Progress*, edited by John Brockman, 243-244. New York: Harper Perennial.

Enfield, N. J. 2015b. "Other-Initiated Repair in Lao." *Open Linguistics* 1: 119-144.

Enfield, N. J., Mark Dingemanse, Julija Baranova, Joe Blythe, Penelope Brown, Tyko Dirksmeyer, Paul Drew, et al. 2013. "Huh? What? —A First Survey in 21 Languages." In *Conversational Repair and Human Understanding*, edited by Makoto Hayashi, Geoffrey Raymond, and Jack Sidnell. 30: 343-380. Studies in Interactional Sociolinguistics. New York: Cambridge University Press.

Enfield, N. J., Paul Kockelman, and Jack Sidnell, eds. 2014. *The Cambridge Handbook of Linguistic Anthropology*. Cambridge: Cambridge University Press.

Enfield, N. J., and Stephen C. Levinson. 2006. "Introduction: Human Sociality as a New Interdisciplinary Field." In *Roots of Human Sociality: Culture, Cognition, and Interaction*, edited by N. J. Enfield and Stephen C. Levinson, 1-38. Oxford: Berg.

Enfield, N. J., Tanya Stivers, and Stephen C. Levinson, eds. 2010. "Question-

Response Sequences in Conversation Across Ten Languages." Special issue of *Journal of Pragmatics* 42 (10).

Evans, Nicholas D., and Stephen C. Levinson. 2009. "The Myth of Language Universals: Language Diversity and Its Importance for Cognitive Science." *Behavioral and Brain Sciences* 32 (5): 429-448.

Evans, Vyvyan. 2015. *The Crucible of Language: How Language and Mind Create Meaning.* Cambridge: Cambridge University Press.

Everett, Daniel L. 2005. "Cultural Constraints on Grammar and Cognition in Pirahã." *Current Anthropology* 46 (4): 621-646.

Everett, Daniel L. 2009. "Pirahã Culture and Grammar: A Response to Some Citicisms." *Language* 85 (2): 405-442.

Everett, Daniel L. 2012. *Language: The Cultural Tool*. London: Profile.

Floyd, Simeon. 2015. "Other-Initiated Repair in Cha'palaa." *Open Linguistics* 1 (1) 467-489. doi: 10. 1515 / opli-2015-0014.

Ford, C. E., and S. A. Thompson. 1996. "Interactional Units in Conversation: Syntactic, Intonational, and Pragmatic Resources for the Management of Turns." *Studies in Interactional Sociolinguistics* 13: 134-184.

Garfinkel, Harold. 1967. *Studies in Ethnomethodology*. Englewood Cliffs, NJ: Prentice-Hall.

Gilbert, Margaret. 1992. *On Social Facts*. Princeton, NJ: Princeton University Press.

Giles, Howard. 1991. "Accommmodaion Theory: Communication, Context and Consequence." In *Contexts of Accommodation*, edited by Howard Giles, Justine Coupland, and N. Coupland, 1-68. New York: Cambridge University Press.

Goffman, Erving. 1963. *Stigma: Notes on the Management of Spoiled Identity*. New York: Touchstone.

Goffman, Erving. 1981. *Forms of Talk*. Philadelphia: University of Pennsylvania Press.

Goldberg, Adele E. 2006. *Constructions at Work: The Nature of Generalization in Language*. Oxford: Oxford University Press.

Goodwin, Charles. 1986. "Between and Within: Alternative Treatments of Continuers of Continuers and Assessments." *Human Studies* 9:205-217.

Grice, H. Paul. 1989. *Studies in the Way of Words*. Cambridge: Harvard University Press.

Haimoff, Elliott H. 1981. "Video Analysis of Siamang (Hylobates Syndactylus) Songs." *Behaviour* 76 (1/2): 128-151.

Halliday, M. A. K. 1994. *Introduction to Functional Grammar*. 2nd ed. London: Edward Arnold.

Hauser, Marc D., Noam Chomsky, and W. Tecumseh Fitch. 2002. "The Faculty of Language: What Is It, Who Has It, and How Did It Evolve." *Science* 298: 1569-1579.

Heitage, John. 1984. *Garfinkel and Ethnomethodology.* Cambridge: Polity.

Heritage, John. 2002. "Oh-Prefaced Responses to Assesments: A Method of Modifying Agreement/Disagreement." In *The Language of Turn and Seqence*, edited by C. E. Ford, Barbara Fox, and Sandra A. Thompson, 196-224. New York: Oxford University Press.

Herrmann, Esther, Josep Call, María Victoria Hernández-Lloreda, Brian Hare, and Michael Tomasello. 2007. "Humans Have Evolved Specialized Skills of Social Cognition: The Cultural ntellience Hypothesis." *Science* 317: 1360-1366.

Holler, Judith, Kobin H. Kendrick, Marisa Casillas, and Stephen C. Levinson, eds. 2015. *Turn-Taking in Human Communicative Interaction*. Lausanne, Switzerland: Frontiers Media.

Hurford, James R. 1999. "The Evolution of Language and Languages." *In The Evolution of Culture*, 173-193. Edinburgh: Edinburgh University Press.

Indefrey, Peter, and Willem J. M. Levelt. 2004. "The Spatial and Temporal Signatures of Word Production Components." *Cognition* 92: 101-144. doi: 10. 1016/j. cognition. 2002. 06. 00.

Jackendoff, Ray. 2002. *Foundations of Language: Brain, Meaning, Grammar, Evolution*. Oxford: Oxford University Press.

Jefferson, Gail. 1974. "Error Correction as an Interactional Resource." *Language in Society* 2: 181-199.

Jefferson, Gail. 1978a. "Sequential Aspects of Storyteling in Conversation." In *Studies in the Organization of Conversational Interaction*, edited by Jim Schenkein, 219-248. New York: Academic Press.

Jefferson, Gail. 1978b. "What's in a 'Nyem'?" *Sociology* 1(1): 135-139.

Jefferson, Gail. 1989. "Preliminary Notes on a Possible Metric Which Provides for a 'Standard Maximum' Silence of Approximately One Second in Conversation." In *Conversation: An Interdisciplinary Perspective*, edited by D. Roger and P. Bull, 166-196. Clevedon: Multilingual Matters.

Kendrick, Kobin H. 2015. "The Intersection of Turn-Taking and Repair: The Timing of Other-Initiations of Repair in Conversation." *Frontiers in Psychology* 6: 250. doi: doi: 10.3389/fpsyg.2015. 00250.

Kendrick, Kobin H., and Francisco Torreira. 2015. "The Timing and Construction of Preference: A Quantitative Study." *Discourse Processes* 52 (4): 255-289.

Kim, Kyu-hyunn. 1999. "Other-Initiated Repair Sequences in Korean Conversation: Types and Functions." *Discourse and Cognition* 6: 141-168.

Kockelman, Paul. 2003. "The Meanings of Interjections in Q'eqchi' Maya: From Emotive Reaction to Social and Discursive Action." *Current Anthropology* 44 (4): 467-490.

Lambrecht, Knud. 1994. *Information Structure and Sentence Form: Topic, Focus and the Mental Representations of Discourse Referents/Grammatical Relations*. Cambridge: Cambridge University Press.

Langacker, Ronald W. 1987. *Foundations of Cognitive Grammar: Volume I, Theoretical Prerequisites*. Stanford: Stanford University Press.

Lehtonen, Jaakko, and Kari Sajvaara 1985. "The Silent Finn." In *Perspectives on Silence*, edited by Deborah Tannen and Muriel Saville-Troike, 193-204. Norwood, NJ: Ablex.

Levelt, Wllem J. M. 1989. *Speaking: From Intention to Articulation*. Cambridge: MIT Press.

Levinson, Stephen C. 1983. *Pragmatics*. Cambridge: Cambridge University Press.

Levinson, Stephen C.1995. "Interactional Biases in Human Thinking." In *Social Intelligence and Interaction: Expressions and Implications of the Social Bias in Human Intelligence*, edited by Esther N. Goody, 221-260. Cambridge: Cambridge University Press.

Levinson, Stephen C. 2000. *Presumptive Meanings: The Theory of Generalized Converational Implicature*. Cambridge: MIT Press.

Levinson, Stephen C. 2006. "On the Human 'Interaction Engine.'" In *Roots of Human Sociality: Culture, Cognition and Interaction,* edited by N. J. Enfield and Stephen C. Levinson, 39-69. Oxford: Berg.

Levinson, Stephen C. 2016. "Turn-Taking in Human Communication—Origins and Implications for Language Processing." *Trends in Cognitive Sciences* 20 (1): 6-14.

Levinson, S. C., and N. Evans. 2010. "Time for a Sea-Change in Linguistics: Response to Comments on 'The Myth of Language Universals.'" *Lingua* 120: 2733-2758.

Levinson, Stephen C., and Francisco Torreira. 2015. "Timing in Turn-Taking and Its Implications for Processing Models of Language." *Frontiers in Psychology* 6 (731): 10-26.

Liu, Y., J. A. Cotton, B. Shen, X. Han, S. J. Rossiter, and S. Zhang. 2010.

"Convergent Sequence Evolution Between Echolocating Bats and Dolphins." *Current Biology* 20 (2): R53-R54. doi: 10. 1016/j. cub. 2009. 11. 058.

Martin, J. R., and David Rose. 2007. *Working with Discourse: Meaning Beyond the Clause*. London: Continuum.

Mazeland, Harrie. 1987. "A Short Remark on the Analysis of Institutional Interaction: The Organization of Repair in Lessons." In *International Pragmatics Association (IPrA) Conference Proceedings*. Antwerp.

McHoul, Alee. 2005. Aspects of Aspects; On Harvey Sacks's "Missing" Book, *Aspects of the Sequential Organization of Conversation* (1970). Human Studies 28, 113-128.

Melis, Alicia P., Patricia Grocke, Josefine Kalbitz, and Michael Tomasello. 2016. "One for You, One for Me: Humans' Unique Turn-Taking Skills." *Psychological Science OnlineFirst*, 1-10. doi: 10. 1177/0956797616644070.

Michael, John, Natalie Sebanz, and Günther Knoblich. 2016. "The Sense of Commitment: A Minimal Approach." *Frontiers in Psycbology* 6 (1968). doi: 10. 3389/fpsyg. 2015. 01968.

Murray, Lynne, and Colwyn Trevarthen. 1986. "The Infant's Role in Mother-Infant Communications." *Journal of Child Language* 13 (l): I5-29. doi: https://doi.org/10.1017/S0305000900000271.

Nevins, Andrew, David Pesetsky, and Cilene Rodrigues. 2009a. "Evidence and Argumentation: A Reply to Everett (2009)." *Language* 85 (3): 671-681.

Nevins, Andrew, David Pesetsky, and Cilene Rodrigues. 2009b. "Pirahã Exceptionality: A Reassessment." *Language* 85: 355-404.

Norman, Donald A. 1988. *The Design of Everyday Things*. New York: Basic Books.

Perry, Susan. 2003. "Coalitionary Aggression in White-Faced Capuchins." In *Animal Social Complexity: Intelligence, Culture, and Individualized Societies*, edited by Frans B. M. de Waal and Peter L. Tyack, 111-114. Cambridge: Harvard University Press.

Piantadosi, Steven T, Harry Tily, and Edward Gibson. 2012. "The Communicative Function of Ambiguity in Language." *Cognition* 122: 28-129.

Pinker, Steven. 1994. *The Language Instinct: How the Mind Creates Language*. New York: Wlliam Morrow.

Pomerantz, Anita. 1984. "Agreeing and Disagreeing with Assessments: Some Features of Preferred/Dispreferred Turn Shapes." In *Structures of Social Action: Studies in Conversation Analysis*, edited by J. Maxwell Atkinson and John Heritage, 57-101. Cambridge: Cambridge University Press.

Pomerantz, Anita, and John Heritage. 2012. "Preference." In *The Handbook of Conversation Analysis*, edited by Jack Sidnell and Tanya Stivers, 210-228. Oxford: Wiley-Blackwell.

Prinz, Jesse J. 2012. *Beyond Human Nature: How Culture and Experience Shape Our Lives*. London: Allen Lane.

Raczaszek-Leonardi, J. 2010. "Multiple Time-Scales of Language Dynamics: An Example from Psycholinguistics." *Ecological Psychology* 22 (4): 269-285.

Ratcliff, Roger. 1987. "More on the Speed and Accuracy of Positive and Negative Responses." *Psychological Review* 94 (2): 277-280.

Raymond, Geoffrey. 2003. "Grammar and Social Organization: Yes/No Inerrgatives and the Structure of Responding." *American Sociological Review* 68: 939-967.

Reisman, Karl. 1974. "Contrapuntal Conversations in an Antiguan Village." In *Exlorations in the Ethnography of Speaking*, edited by Richard Bauman and Joel Sherzer, 110-124. Cambridge: Cambridge University Press.

Riest, Carina, Anettet B. Jrschik, and Jan P. de Ruiter. 2015. "Anticipation in Turn-Tking: Mechanisms and Information Sources." *Frontiers in Psychology* 6 (89): 62-75. doi: https://doi.org/10.338/fpsyg.2015.00089

Roberts, Felcia, and Alexander L. Francis. 2013. "Identifying a Temporal Thresold of Tolrance for Silent Gaps After Requests." *Journal of the Acoustic Society of America* 133 (6): 471-477.

Roberts, Felicia, Piera Margutti, and Shoji Takano. 2011. "Judgements Concerning the Valence of Inter-Turn Silence Across Speakers of American English, Italian, and Japanese." *Discourse Processes* 48 (5): 331-354.

Roberts, Seán G., and Stephen C. Levinson. 2015. "On-Line Pressures for Turn-Taking Constrain the Cultural Evolution of Word Order." In *Workshop on Cognitive Linguistics and the Evolution of Language*. Newcastle University, UK.

Roberts, Seán G., and Stephen C. Levinson. 2017. "Conversation, Cognition and Cultural Evolution: A Model of the Cultural Evolution of Word Order Through Pressures Imposed from Turn Taking in Conversation," edited by S. Hartmann, M. Pleyer, J. Winters, and J. Zlatev. *Interaction Studies* (special issue on Interaction and Iconicity in the Evolution of Language).

Rogers, T., and M. I. Norton. 2011. "The Artful Dodger: Answering the Wrong Question the Right Way." *Journal of Experimental Psychology: Applied* 17 (2): 139-147.

Rossano, Federico. 2013. "Sequence Organization and Timing of Bonobo Mother-Infant Interactions." *Interaction Studies* 14 (2): 160-189.

Rossi, Giovanni. 2015. "Other-Initiated Repair in Italian." *Open Linguistics* 1: 256-282.

Rovee, C. K., and D. T. Rovee. 1969. "Conjugate Reinforcement of Infant Exploratory Behavior." *Journal of Experimental Child Psychology* 8: 33-39.

Sacks, Harvey. 1992. *Lectures on Conversation*. London: Blackwell.

Sacks, Harvey, Emanuel A. Schegloff, and Gail Jefferson. 1974. "A Simplest Systematics for the Organization of Turn-Taking for Conversation." *Language* 50 (4): 696-735.

Saussure, Ferdinand de. 1916. *Cours De Linguistique Genérale*. Paris: Payot.

Schegloff, Emanuel A. 1980. "Preliminaries to Preliminaries: 'Can I Ask You a Question?" Edited by D. Zimmerman and C. West. *Sociological Inquiry* 50 (3-4): 104-152.

Schegloff, Emanuel A. 1982. "Discourse as an Interactional Achievement: Some Uses of 'Uh Huh' and Other Things That Come Between Sentences." In *Georgetown University Roundtable on Languages and Linguistics 1981; Analyzing Discourse: Text and Talk*, edited by Deborah Tannen, 71-93. Washington, DC: Georgetown University Press.

Schegloff, Emanuel A. 1989. "Reflections on Language, Development, and the Interactional Character of Talk-in-Interaction." *In Interaction in Human Development*, edited by Marc H. Bornstein and Jerome S. Bruner, 139-153. Hillsdale, NJ: Lawrence Erlbaum.

Schegloff, Emanuel A. 1992d. "Repair After Next Turn: The Last Structurally Provided Defense of Intersubjectivity in Conversation." *American Journal of Sociology*, 97 (5), 1295-1345.

Schegloff, Emanuel A. 1997. "Practices and Actions: Boundary Cases of Other-Initiated Repair." *Discourse Processes* 23 (3): 499-545.

Schegloff, Emanuel A. 2007. *Sequence Organization in Interaction: A Primer in Conversation Analysis*, Volume 1. Cambridge: Cambridge University Press.

Schegloff, Emanuel A. 2010. "Some Other 'Uh(m)'s." *Discourse Processes* 47: 130-174.

Scheglof, Emanuel A., Gail Jefferson, and Harvey Sacks. 1977. "The Preference for Self-Correction in the Organization of Repair in Converstion." *Language* 53 (2): 36-382.

Scheglof, Emanuel A., Elinor Ochs, and Sandra A. Thompson. 1996.

"Introduction." In *Interation and Grammar*, edited by Schegloff, Ochs, and Thompson. Cambridge: Cambridge University Press.

Schiffrin, Deborah. 1988. *Discourse Markers*. Cambridge: Cambridge University Press.

Searle, John R. 1990. "Colletive Intentions and Actions." In *Intentions in Communications*, edited by P. Cohen, J. Morgan, and M. E. Pollack, 401-415. Cambridge: MIT Press.

Sidnell, Jack. 2010. *Conversation Analysis: An Introduction*. London: Wiley-Blackwell.

Sidnell, Jack, and Tanya Stivers, eds. 2012. *The Handbook of Conversation Analysis*. Oxford: Wiley-Blackwell.

Sperber, Dan, and Dierdre Wilson. 1995. *Relevance: Communication and Cognition*, 2nd ed. Oxford: Blackwell.

Steffenson, Sune V., and Alwin Fill. 2013. "Ecolinguistics: The State of the Art and Future Horizons." *Language Sciences* 41: 6-25.

Stiver, Tanya. 2010. "An Overview of the Question-Response System in American English Conversation." *Journal of Pragmatics* 42: 2777-2781. doi: 10.1016/j.pragma.2010.04.011.

Stivers, Tanya, N. J. Enfield, Penelope Brown, Christina Englert, Makoto Hayashi, Trine Heinemann, Gertie Hoymann, et al. 2009. "Universals and Cultural Variation in Turn-Taking in Conversation." *Proceedings of the National Academy of Sciences of the United States of America* 106 (26): 10587-10592. doi:10.1073/pnas.0903616106.

Stivers, Tanya, and Jeffrey D. Robinson. 2006. "A Preference for Progressivity in Interaction." *Language in Society* 35 (3): 367-392.

Stivers, Tanya, and Federico Rossano. 2010. "Mobilizing Response." *Research on Language and Social Interaction* 43: 3-31.

Svennevig, Jan. 2008. "Trying the Easiest Solution First in Other-Initiated Repair." *Journal of Pragmatics* 40 (2): 333-348.

Takahashi, D. Y., D. Z Narayanan, and A. A. Ghazanfar. 2013. "Coupled Oscillator Dynamics of Vocal Turn-Taking Monkey." *Current Biology* 23: 2162-2168.

Tannen, Deborah. 1984. *Conversational Style: Analyzing Taik Among Friends*. Oxford: Oxford University Press.

Thompson, S. A. 1998. "A Discourse Explanation for the Cross-Linguistic Differences in the Grammar of Interrogation and Negation." In *Case, Typology and Grammar: In Honour of Barry J. Blake*, edited by Anna

Siewierska and Jae Jung Song, 309-341. Amsterdam: John Benjamins.

Thompson, Sandra A., Barbara A. Fox, and Elizabeth Couper-Kuhlen. 2015. *Grammar in Everyday Talk: Building Responsive Actions.* Cambridge: Cambridge University Press.

Tomasello, Michael. 2008. *Origins of Human Communication*. Cambridge: MIT Press.

Tomasello, Michael. 2016. *A Natural History of Human Morality*. Cambridge: Harvard University Press.

Turner, Lynn H., and Richard West. 2010. *Communication Accommodation Theory: Analysis and Application*. 4th ed. New York: McGraw-Hill.

Tyack, Peter L. 2003. "Dolphins Communicate About Individual-Specific Social Relationships." In *Animal Social Complexity: Intelligence, Culture, and Individualized Societies*, edited by Frans B. M. de Waal and Peter L. Tyack, 342-361. Cambridge: Harvard University Press.

Tylor, E. B.1889. "On a Method of Ivestigting the Development of Institutions; Applied to Laws of Marriage and Descent." *Journal of the Anthropological Institute of Great Britain and Ireland* 18: 245-272.

Uryu, Michiko, Sune V. Steffenson, and Claire Kramsch. 2014. "The Ecology of Interultural Interaction: Timescale, Temporal Ranges and Identity Dynamics." *Language Sciences* 41: 41-59. doi:10.1016/j. langsci. 2013. 08. 006.

Ward, Nigel. 2006. "Non-Lexical Conversational Sounds in American English." *Pragmatics and Cognition* 14 (1): 129-182.

Wierzbicka, Anna. 1996. *Semantics: Primes and Universals*. Oxford: Oxford University Press.

Wierzbicka, Anna. 2003. *Cross-Cultural Pragmatics: The Semantics of Human Interaction*. Berlin: Walter de Gruyter.

Zeitlyn, David. 1995. "Divination as Dialogue: Negotiation of Meaning with Random Responses." In *Social Intelligence and Interaction: Expressions and Implications of the Social Bias in Human Intelligence*, edited by Esther N. Goody, 189-205. Cambridge: Cambridge University Press.

未来，属于终身学习者

我这辈子遇到的聪明人（来自各行各业的聪明人）没有不每天阅读的——没有，一个都没有。巴菲特读书之多，我读书之多，可能会让你感到吃惊。孩子们都笑话我。他们觉得我是一本长了两条腿的书。

——查理·芒格

互联网改变了信息连接的方式；指数型技术在迅速颠覆着现有的商业世界；人工智能已经开始抢占人类的工作岗位……

未来，到底需要什么样的人才？

改变命运唯一的策略是你要变成终身学习者。未来世界将不再需要单一的技能型人才，而是需要具备完善的知识结构、极强逻辑思考力和高感知力的复合型人才。优秀的人往往通过阅读建立足够强大的抽象思维能力，获得异于众人的思考和整合能力。未来，将属于终身学习者！而阅读必定和终身学习形影不离。

很多人读书，追求的是干货，寻求的是立刻行之有效的解决方案。其实这是一种留在舒适区的阅读方法。在这个充满不确定性的年代，答案不会简单地出现在书里，因为生活根本就没有标准确切的答案，你也不能期望过去的经验能解决未来的问题。

湛庐阅读App：与最聪明的人共同进化

有人常常把成本支出的焦点放在书价上，把读完一本书当作阅读的终结。其实不然。

时间是读者付出的最大阅读成本
怎么读是读者面临的最大阅读障碍
“读书破万卷”不仅仅在“万”，更重要的是在“破”！

现在，我们构建了全新的“湛庐阅读”App。它将成为你“破万卷”的新居所。在这里：

- 不用考虑读什么，你可以便捷找到纸书、有声书和各种声音产品；
- 你可以学会怎么读，你将发现集泛读、通读、精读于一体的阅读解决方案；
- 你会与作者、译者、专家、推荐人和阅读教练相遇，他们是优质思想的发源地；
- 你会与优秀的读者和终身学习者为伍，他们对阅读和学习有着持久的热情和源源不绝的内驱力。

从单一到复合，从知道到精通，从理解到创造，湛庐希望建立一个“与最聪明的人共同进化”的社区，成为人类先进思想交汇的聚集地，与你共同迎接未来。

与此同时，我们希望能够重新定义你的学习场景，让你随时随地收获有内容、有价值的思想，通过阅读实现终身学习。这是我们的使命和价值。

湛庐阅读App玩转指南

湛庐阅读App结构图：

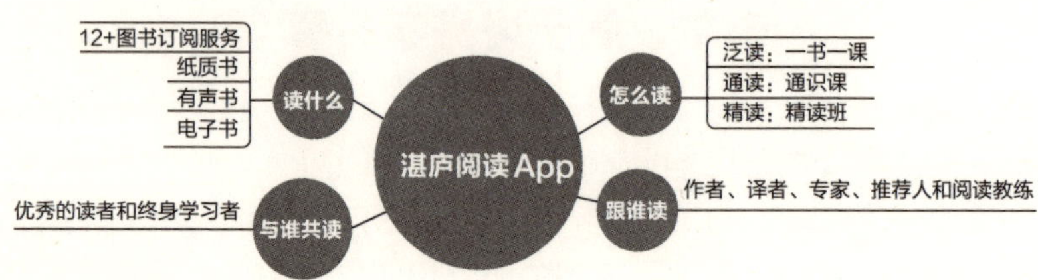

三步玩转湛庐阅读App：

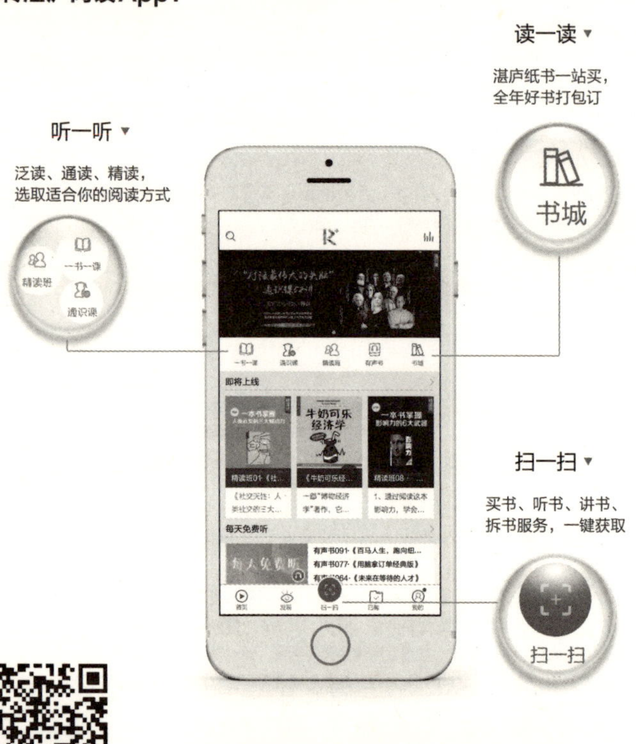

App获取方式：

安卓用户前往各大应用市场、苹果用户前往App Store
直接下载“湛庐阅读”App，与最聪明的人共同进化！

使用App扫一扫功能，
遇见书里书外更大的世界！

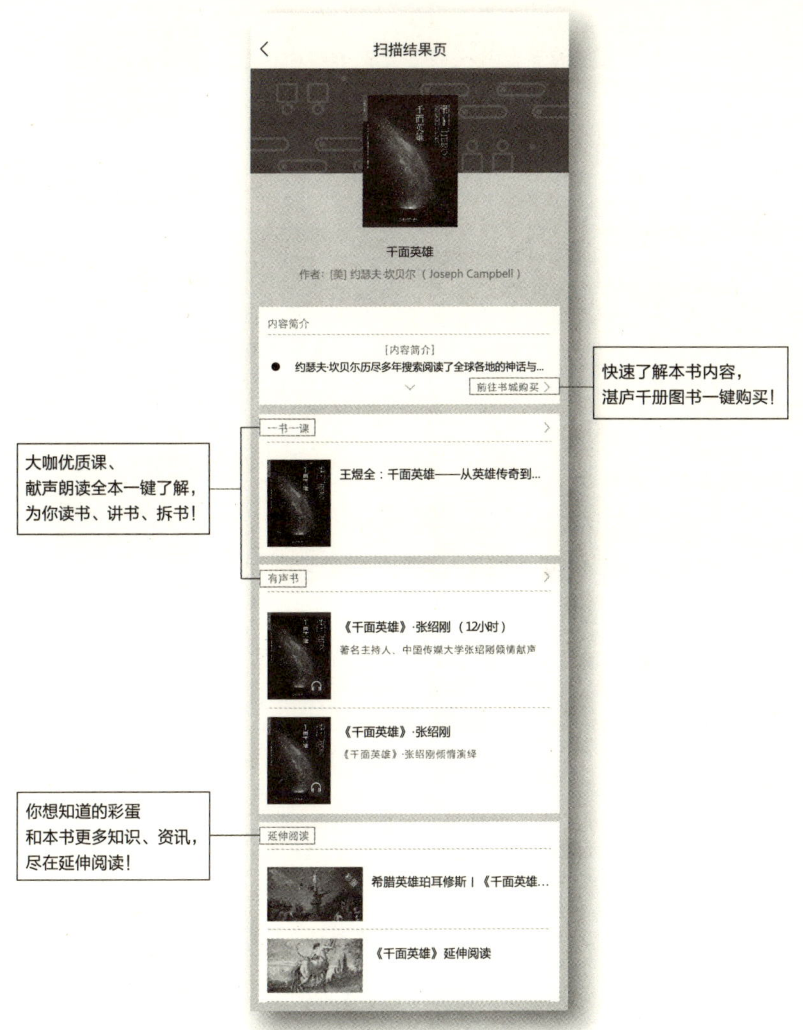

湛庐CHEERS

延伸阅读

《语言本能》

◎ 一扇了解语言器官、破解语法基因、进入人类心智的大门；一个关于语言问题最权威的答案；一些令人信服、生动有趣的例证；一场常识对谬论的彻底胜利。

◎ 心理学大师史蒂芬·平克在其可读性极强的著作《语言本能》中从生物进化论和心理语言学的交叉视角，以大量的基于日常生活和流行文化的语言案例，揭开了语言神秘的面纱，证明了语言的生物学基础和生物遗传性。语言的无限魅力在于语言是人的一种本能。日常语言并非思维的唯一方式，由心智词汇和心智语法构成的"心语"才是真正意义上的思维语言。

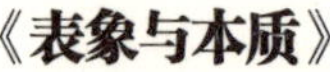

《表象与本质》

◎ 闻名世界的认知科学家侯世达凭借独特的智慧与天赋，联合法国心理学家桑德尔，终于向世人展示了这部极具开创性的著作，一解人类认知之谜。

◎ 既是译作，也是原创，《表象与本质》中融合了作者与译者共同碰撞出的中文例子，让你身临其境地体会表象背后的本质。

◎ 人类大脑中的每个概念都源于多年来不知不觉中形成的一长串类比，这些类比赋予每个概念生命，我们在一生中不断充实这些概念。大脑无时无刻都在做类比。类比，就是思考之源和思维之火。

《别想那只大象》

◎ 语言学大师乔治·莱考夫用"别想那只大象"的例子说明，在语言大战中战胜对手的方法很简单：千万不要用对方已经不断重复强调的关键词。他告诉我们，"隐喻"和"框架"是控制话语权的两大利器，你可以运用这两种武器在30秒之内了解对方言语的核心含义，并迅速做出反应。

◎《别想那只大象》不仅教我们在话语角力中抢占高地、达成自己的目的，还可以让我们变得不那么容易被引导、操弄和煽动。